Ullstein KunstBuch

Ullstein KunstBuch
Ullstein Buch Nr. 36066
im Verlag Ullstein GmbH,
Frankfurt/M – Berlin – Wien

Ungekürzte Ausgabe

Umschlagentwurf:
Hansbernd Lindemann

Lizenzausgabe mit freundlicher
Genehmigung des Gebr. Mann Verlags,
Berlin

Printed in Germany 1982
Gesamtherstellung:
Ebner Ulm
ISBN 3 548 36066 1

März 1982

Vom selben Autor
in der Reihe der
Ullstein Bücher:

Der griechische Tempel (36064)
Der römische Tempel (36065)

CIP-Kurztitelaufnahme
der Deutschen Bibliothek

Kähler, Heinz:
Die frühe Kirche: Kult u. Kultraum /
Heinz Kähler. – Ungekürzte Ausg. –
Frankfurt/M; Berlin; Wien: Ullstein, 1982.
(Ullstein-Buch; Nr. 36066:
Ullstein-KunstBuch)
ISBN 3-548-36066-1
NE: GT

Heinz Kähler

Die frühe Kirche

Kult und Kultraum

Ullstein KunstBuch

INHALTSVERZEICHNIS

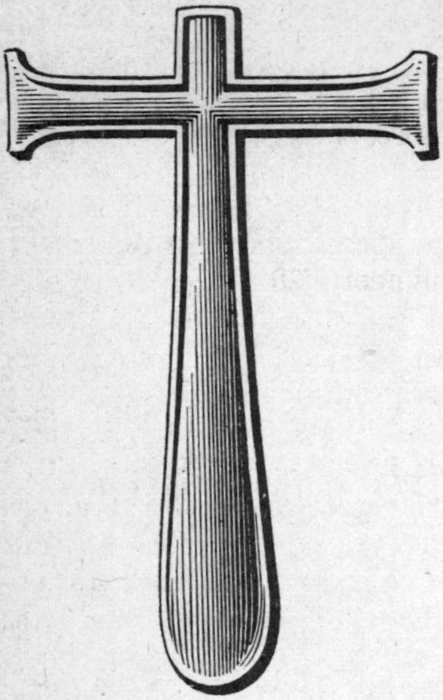

DIE URKIRCHE

Über die Formen des Kultes in der Urkirche, die in vielem noch die gleichen sind wie in der heute lebendigen Kirche, erfahren wir aus der Apostelgeschichte, aus den Briefen der Apostel, aus den Schriften der Synoptiker, vor allem aber aus den Gottesdienstordnungen des ersten und dritten Jahrhunderts sehr viel mehr als etwa über die Vorgänge, die einst mit dem griechischen und römischen Tempel verbunden waren und sie mit ihren heiligen Handlungen belebten. Von den Bauten dagegen, in denen sich die Christen zum Gottesdienst versammelten, ehe die Verfolgungen aufhörten und das Christentum durch Kaiser und Staat zu Beginn des vierten Jahrhunderts anerkannt wurde, wissen wir kaum etwas.

Das Verhältnis ist geradezu umgekehrt: So gering unsere Kenntnis von den mit den Tempeln verbundenen Kultvorgängen der frühen griechischen und römischen Religion ist, die wir vielmehr aus allen möglichen Hinweisen und Spiegelungen etwa in den Dramen oder in den Berichten der Historiker erschließen, wobei wir oft über Vermutungen nicht hinauskommen, so offenkundig ist für uns die Geschichte des griechischen und römischen Kultbaus.

Zu dem anfänglich allein vorhandenen Altar des zunächst noch bildlosen Kultes gesellte sich in Griechenland zu der Zeit, da man Götter wie Menschen in urtümlicher Weise zu bilden begann, ja früher noch, als man sie in einem schlichten Brett erkannte, das einfache Haus, das dieses Götterbild aufnahm. Von diesen Anfängen an, wie wir sie etwa im Heiligtum der Hera auf Samos beobachten können, überblicken wir die Entwicklung dessen, was wir Tempel nennen, über mehr als ein Jahrtausend bis zu dem Augenblick, wo ihre Türen für immer geschlossen werden.

Beim römischen Tempel ist es nicht viel anders, auch wenn er nicht ohne weiteres vom griechischen Tempel abgeleitet werden kann und auch die kultischen Handlungen sich sicher von denen in den griechischen Tempeln unterschieden haben. Wir kennen seit dem frühen siebenten Jahrhundert v. Chr. bis zum Ende des dritten Jahrhunderts n. Chr. zahllose Tempel, aber wir haben nur eine sehr geringe Vorstellung von den mit ihnen verbundenen Kultvorgängen.

Längst jedoch gab es das, was wir heute Kirche nennen, vielleicht auch einen ihr entsprechenden Bau, die Versammlungsstätte für das Volk des Herrn, die κυριακή ἐκκλησία, ehe wir eine Ahnung davon gewinnen, wie die Räume aussahen, in denen sich die Gemeinden zum Gottesdienst versammelten. Zum ersten Male wird ein wirklicher Kirchenraum erst gegen die Mitte des dritten Jahrhunderts faßbar; doch muß es etwas wie »Kirchenräume« schon bald nach der Zeit gegeben haben, als nach dem Tode Christi sich die Jünger in Jerusalem unter der Leitung des Simon Petrus und Jacobus vereinigten, um zunächst dort die zerstreuten Anhänger zu sammeln, dann aber auch die Lehre vom Gekreuzigten und Auferstandenen in Judäa selbst und bald darauf außerhalb des Gebietes zu verbreiten, in dem Jesus selbst gewirkt hatte. Vor allem als sich zu ihnen Paulus gesellte, der aus einem überzeugten Verfolger Christi der eifrigste seiner Anhänger wurde und der mit der Dynamik des wahrhaft Bekehrten das Evangelium vom Gekreuzigten und Auferstandenen überall verkündete, müssen an manchen Orten beachtliche Räume vorhanden gewesen sein, in denen die Gläubigen zusammenkamen.

Aus seinen Briefen an die verschiedenen Gemeinden erfahren wir vieles von dem Geist und dem Leben in ihnen, von dem Wesen urchristlichen Denkens, von den Spannungen, die zwangsläufig in ihrer heidnischen Umwelt entstehen mußten, aber auch von Schwierigkeiten innerhalb der Kirche selbst, als nun auch Nichtjuden Christen wurden.

Solange nur Juden Anhänger Christi waren, mag der gegebene Versammlungsort für sie die Synagoge gewesen sein, wie ja die Kultvorgänge der hellenistischen Synagoge nach der Apostelgeschichte auch den Kern des christlichen Wortgottesdienstes bildeten: die Anrufung des Höchsten, die Schriftverlesung, das Gebet, der Lobpreis, der Segen und der Dank (Apostelgeschichte 13,5; 13,14; 17,1; 17,10; 17,17; 18,19; 19,8). Doch mit dem Augenblick, als, vertreten und erkämpft vor allem durch Paulus, auch Heiden Christen wurden, wurde es schwierig, daß die Synagoge der Versammlungsort der Gemeinde war, obwohl ihr Betreten durchaus auch Nichtjuden erlaubt war (Apostelgeschichte 14,1; 18,4); denn auch die Juden trieben Mission, und zur Mission gehört nicht zuletzt die Möglichkeit, am Gottesdienst teilzunehmen, nicht natürlich an dem eigentlichen sakramentalen Geschehen, vor allem nicht an dem im Tempel von Jerusalem.

Hierüber erfahren wir aus der Apostelgeschichte selbst (21,27) wesentliches. In dem Bericht über die Gefangennahme des Paulus in Jerusalem heißt es: »Als aber die sieben Tage sollten vollendet werden, sahen ihn die Juden aus Kleinasien im Tempel und erregten das ganze Volk, legten die Hände an ihn und schrien: ›Ihr Männer von Jerusalem helft! Dies ist der Mensch, der alle Menschen an allen Enden lehrt wider das Volk, wider das Gesetz und wider diese Stätte. Dazu hat er auch Griechen in den Tempel geführt und diese heilige Stätte gemein gemacht.‹ Denn sie hatten mit ihm in der Stadt Trophimus, den Epheser, gesehen; den, meinten sie, hätte Paulus in den Tempel geführt. Und die ganze Stadt war bewegt und war ein Zulauf des Volkes. Sie griffen aber Paulus und zogen ihn zum Tempel heraus – und alsbald wurden die Türen geschlossen.«

Neben den Synagogen jedoch gab es für die urchristliche Gemeinde, mögen es Judenchristen oder Heidenchristen gewesen sein, eine Versammlungsstätte, die mit der Synagoge nichts mehr zu tun haben konnte. Das war der Ort, an dem man sich zum eucharistischen Mahl, zum Brechen des Brotes und zum Trinken des Weines versammelte. Das mag in den allerersten Anfängen je in dem einzelnen Haus eines Christen der Fall gewesen sein, wie nach der Überlieferung im Lukasevangelium (24,13 ff.), wie immer man auch diesen Bericht beurteilen mag, ja das Brechen des Brotes durch den Unbekannten, dem sie auf dem Wege nach Emmaus begegnet waren, den beiden Männern die Augen geöffnet hatten wer jener war, der da, zwischen ihnen sitzend, das Brot teilte.

So mag es wohl zu Beginn in den Häusern derer gewesen sein, die sich nach dem Tode des Herrn in Jerusalem wieder zusammenfanden, wenn auch die Stelle in der Apostelgeschichte, die davon berichtet, nicht ganz eindeutig ist (2,96). Als Juden, so heißt es, waren sie »täglich und stets beieinander einmütig im Tempel« und als Christen »brachen sie das Brot hin und her in den Häusern, nahmen die Speise und lobten Gott mit Freuden und einfältigem Herzen und hatten Gnade bei dem ganzen Volk«. Es waren offenbar nicht wenige, denn in dem Bericht heißt es: »Der Herr aber tat hinzu täglich, die da selig wurden, zu der Gemeinde.« Das Brotbrechen muß also damals doch wohl je in dem Hause des einzelnen stattgefunden haben. Doch bald muß gerade die Vereinigung zu diesem Mahl, das neben der Taufe das eigentliche Mysterium war, durch das die Gemeinde miteinander verbunden war, sich gewandelt haben. Es müssen Räume geschaffen worden sein, in denen die Mitglieder der Gemeinde zusammenkamen; denn anders sind die Worte des Paulus im ersten Brief an die Korinther nicht zu verstehen (11,22): »Wenn Ihr nun zusammenkommt zum Gottesdienst, so hielt man da nicht recht des Herrn Abendmahl. Denn jeglicher nimmt beim Essen sein Eigenes vorweg; und einer ist hungrig, der andere ist durstig. Habt Ihr denn nicht Häuser, da Ihr essen und trinken könnt? Oder verachtet Ihr die Gemeinde Gottes und beschämt die, so da nicht haben?« Dann folgen die jedem Christen bekannten Worte des Herrn mit der Bedeutung von Brot und Wein. Und weiter heißt es: »Darum meine lieben Brüder, wenn Ihr zusammenkommt, zu essen, so wartet aufeinander. Hungert jemanden, der esse daheim, auf daß Ihr nicht zusammenkommt Euch zum Gericht.«

Aus diesen Worten, die kurz nach der Mitte des ersten Jahrhunderts geschrieben sind, etwa zwei Jahrzehnte nach dem Tode Christi, geht doch wohl, zum mindesten für die Gemeinde in Korinth, hervor, deren Mitglieder auf Christus getaufte Griechen, Römer und Juden waren, daß hier schon damals ein besonderer Raum vorhanden war, in dem man gegen Abend das die Gemeinde mit Christus vereinende Mahl einnahm, in dem man aber auch zum Gottesdienst zusammenkam. Das war aber gewiß damals noch nicht ein zu diesem Zweck errichtetes Gebäude, wohl aber ein genügend großer Raum, auch wenn er kaum alle in Korinth lebenden Christen aufnehmen konnte.

Gelegentlich erfahren wir aus der Apostelgeschichte etwas von diesen Räumen. Des öfteren wird erwähnt (1,17; 20,8), daß man sich oben in dem obersten Stockwerk der drei- und viergeschossigen Häuser traf, in dem sogenannten Anageion oder Hyperoon, dem mit einer Terrasse verbundenen Speiseraum auf dem flachen Dach. Am deutlichsten wird dies aus dem Bericht über die wunderbare Erweckung des Eutychus in der Stadt Troas in Kleinasien. Da heißt es (20,7): »Am ersten Tage der Woche aber, da die Jünger zusammenkamen, das Brot zu brechen, predigte ihnen Paulus und wollte des anderen Tages weiterreisen und zog die Rede hin bis zur Mitternacht. Und es waren viele Lampen in dem Geschoß, in dem sie versammelt waren. Es saß aber ein Jüngling mit Namen Eutychus in einem Fenster und sank in einen tiefen Schlaf, dieweil Paulus so lange redete, und wurde vom Schlaf überwältigt und fiel hinunter vom dritten Geschoß und ward tot aufgefunden. Paulus aber ging hinab und legte sich auf ihn und sprach: Machet kein Getümmel, denn seine Seele ist in ihm. Da ging er hinauf und brach das Brot mit ihnen und aß und redete viel mit ihnen, bis der Tag anbrach. Und also zog er hinaus. Sie aber brachten den Knaben lebendig und wurden nicht wenig getröstet.«

Wenn Ignatius, der zweite Bischof von Antiochia, der unter Kaiser Trajan in Rom den Märtyrertod erlitt, in Briefen den Ort, wo die Christen sich zur Eucharistie versammelten, der bei ihm auch Thysiasterion, »Opferplatz«, heißt, als Synagoge bezeichnet, kann man daraus über die Gestalt des Raumes nicht entnehmen; denn Synagoge meint in des Wortes eigenster Bedeutung nichts anderes als Stätte der Zusammenkunft und muß nicht unbedingt mit der jüdischen Synagoge verbunden werden. (Ign. ad Polycarp 4,2.)

Entscheidend war bei der Eucharistie sicher das Gemeinsame des Mahles, das sowohl in der vorchristlichen Zeit bei dem jüdischen Gottesdienst wie ja auch bei dem heidnischen Opfermahl die Verbindung der Gemeindemitglieder untereinander wie mit der Gottheit bekunden sollte.

Wir besitzen zwar in einer Didache, einer Lehrschrift, die vielleicht noch vor der Zerstörung Jerusalems im Jahre 70 und somit vor dem Untergang der Städte am Fuß des Vesuvs im Jahre 79 verfaßt wurde, kaum aber später als um die Wende vom ersten zum zweiten Jahrhundert entstand, eine Anweisung, wie gerade das Abendmahl veranstaltet wurde. Aber manches bleibt trotz der Einfachheit des Wortlautes für denjenigen, der den Vorgang nachvollziehen möchte, doch unklar – vor allem, wie damals die Agape, das Liebesmahl, mit dem eigentlichen eucharistischen Opfer verbunden war. In ihr heißt es:

»Was die Eucharistie anbelangt, so betet folgendermaßen:

Zuerst über dem Kelch:

›Wir danken Dir, Vater unser, für die heilige Traube Davids Deines Sohnes, die Du uns durch Jesus Deinen Sohn kundgetan hast. Dir sei Ruhm in alle Ewigkeit.‹

›Amen.‹

Über das Brechen des Brotes:

›Wir danken Dir, Vater unser, für das Leben und das Bewußtsein, das Du uns ins Bewußtsein gerufen hast durch Jesus Deinen Sohn, Dir Ruhm in alle Ewigkeit.‹

›Amen.‹

›Wie dieses gebrochene Brot zuerst gesät war über alle Berge und zu Einem gesammelt wurde, so sei Deine Kirche versammelt von den Grenzen der Welt zu Deinem Königreich. Denn Dein ist der Ruhm und die Macht durch alle Ewigkeit.‹

›Amen.‹

›Daß von unserem Dankopfer niemand esse noch trinke, außer daß er auf den Namen des Herrn getauft sei.

Denn dazu sprach der Herr: Gebet nicht das Heilige den Hunden.‹

Nach dem Mahle (worunter wohl die Agape verstanden werden muß) betet so:

›Wir danken Dir, heiliger Vater, für Deinen heiligen Namen, den Du in unserem Herzen hast Wohnung nehmen lassen, und für das Bewußtsein, den Glauben und die Unsterblichkeit, die Du uns bewußt gemacht hast durch Jesus Deinen Sohn, Dir ist Ruhm in alle Ewigkeit.‹

›Amen.‹

›Du, Herr und Allgewaltiger, hast alles geschaffen zum Ruhme Deines Namens, Du hast zur Erquickung Nahrung und Trank Deinen Kindern, den Menschen, gegeben, damit sie Dir danken. Aber uns hast Du geistige Nahrung und den Trank des ewigen Lebens durch Jesus Deinen Sohn gegeben. Vor allem danken wir Dir, daß Du mächtig bist. Dir sei der Ruhm in alle Ewigkeit. Gedenke, Herr, Deiner Kirche, um sie von allem Übel zu befreien und sich in Deiner Liebe vollenden zu lassen, und vereinige sie von allen vier Winden, die geheiligte, zu Deinem Königreich, das Du bereitet hast. Weil Dir die Kraft und der Ruhm ist in alle Ewigkeit.‹

›Amen.‹

›Es komme der Herr, und es vergehe diese Welt.‹

›Amen‹

›Hosianna dem Sohne Davids. Wenn einer heilig ist (das heißt getauft), so bleibe er. Wenn einer es nicht ist, so möge er gehen. Maranatha! Gott ist gegenwärtig.‹

›Amen.‹

›Laßt die Propheten danksagen, wie sie wollen.‹«

Wenn in der urchristlichen Gemeinde unmittelbar nach dem Tode Christi sich die Jünger nach alter jüdischer Sitte zum Mahle vereinigten und einer über dem Brote den Segen sprach, eher er es brach und die Teile den anderen gab, wie es heute noch in der orthodoxen Kirche geschieht, dann war es trotz der durch Paulus (1. Korinther 11,23 ff.) und andere überlieferten Einsetzungsworte, die bezeichnenderweise in der Didache fehlen: »Solches tut zu meinem Gedächtnis«, mehr als ein bloßes Gedächtnismahl; ein solches war das heidnische Totenmahl, wie es auch jetzt noch in symbolischer Form in der griechischen Kirche zum Gedenken an einen Verstorbenen bei der Wiederkehr seines Todestages vollzogen wird. Denn Sinn des Abendmahles deutet vielmehr Paulus in dem ersten Brief an die Korinther (10, 16 und 17), indem er es von dem nichtchristlichen Mahle absetzt: »Der gesegnete Kelch, welchen wir segnen, ist der nicht die Gemeinschaft des Blutes Christi? Das Brot, das wir brechen, ist das nicht die Gemeinschaft des Leibes Christi? Denn ein Brot ist es, so sind wir viele ein Leib, dieweil wir alle eines Brotes teilhaftig sind.«

Immer größer wurde sehr bald die Schar derjenigen, die an diesem Abendmahl teilnahmen. Zu den Episkopoi, die anfangs mehr die weltlichen Dinge der Gemeinde, die Verwaltung, die Schlichtung von Unstimmigkeiten, die Abgabe des Zinses an die Urgemeinde in Jerusalem zu beaufsichtigen hatten und erst allmählich das priesterliche Oberamt des Bischofs übernahmen, kamen schon zu einer Zeit, als noch die Apostel selbst oder besonders von göttlichem Geist erfüllte Männer, die Charismatiker, die eigentlichen Leiter des Gottesdienstes waren, die Diakone. Das waren jene Männer, zum Teil auch Frauen, welche – nach des griechischen Wortes eigenster Bedeutung die Kellner oder Helfer – beim Abendmahl den Vielen Brot und Wein reichten; ebenso trugen sie den Kranken die heilige Gabe ins Haus und nahmen sich ihrer Pflege an. Auch aus dem Vorhandensein der Diakone schon um die Mitte des ersten

Jahrhunderts geht eindeutig hervor, daß das Abendmahl im allgemeinen nicht im Hause jedes einzelnen vollzogen wurde, sondern an einer Stätte, an der die Gemeindemitglieder zusammenkamen. Es gab also nicht nur ein Volk des Herrn, das sich ständig vermehrte, sondern wohl auch einen großen Raum, dem wir mit Recht den Namen »Kirche« geben, in dem ja das Wort κυριακή nachlebt, auch wenn dieses Wort ursprünglich nicht den Raum, sondern die in ihm versammelte Gemeinde, die κυριακή ἐκκλησία bezeichnet.

Blickt man von der skizzierten Situation – dem Herauswachsen der christlichen Gemeinde sowohl der Juden wie der bisherigen Heiden aus dem Zusammenhang mit der jüdischen Religion, welches auch eine räumliche Absonderung bedeutete – auf die Religion der Griechen und Römer mit ihrer Bindung an das Götterbild, so stehen sich zwei grundverschiedene Welten gegenüber. Ihre Unterschiede sind weitaus stärker als etwa die zwischen dem Christentum und dem Islam; diese beiden haben als Ursprung den gemeinsamen bildlosen und monotheistischen Kult, mögen später auch die verschiedenen christlichen Kirchen sich weit von dieser im Alttestamentarischen wurzelnden Verehrung des einen und alleinigen Gottes entfernt haben, von dem sich der Gläubige kein Bild machen soll, ja dessen Namen er ursprünglich nicht einmal nennen darf.

Zwischen dem Urchristentum und der Religion der Griechen und Römer dagegen besteht der unüberwindbare Gegensatz zwischen dem bildlosen Sakrament und der Verehrung des menschengestaltigen Gottes in seiner erhabenen, aber doch von Menschenhand geschaffenen Gestalt. Denn die Zeit, in der die Griechen in einem vom Himmel gefallenen, unbearbeiteten Brett die Gottheit verehrten, das sie irgendwo am Strande des Meeres oder umschlungen von den Zweigen eines Baumes entdeckten, ist damals, als Christentum und Heidentum einander gegenübertraten, längst gewesen.

Dieser Unterschied gegenüber der Vergegenwärtigung des antiken Gottes in seinem Bild aber bedeutet für das, was wir Kirche nennen, etwas ganz Entscheidendes. Das Haus, in dem Griechen und Römer das Bild des Gottes verehrten, ist gewissermaßen die weithin sichtbare und strahlende architektonische Emanation des in ihm stehenden kostbaren Bildes. Diese selbst ist, auch wenn es in seiner Würde der Gottheit entsprechen soll, ohne daß es sie selbst wäre, doch ebenso dingfest wie der prächtige Tempel, der es wie ein gewaltiger Schrein umschließt. Der Gottesdienst der Griechen und Römer vollzieht sich in einer Wechselbeziehung zwischen dem Bilde im Tempel und dem Altar vor seiner Front, wobei es für das Wesen des Göttlichen, das mehr ist als das Bild im Tempel, wohl von nicht zu übersehender Bedeutung ist, daß der Priester das Opfer nicht gegen das Bild gewendet vollzieht, sondern Götterbild wie Priester dorthin gewandt sind, wo die Gottheit selbst ist und wirkt – gegen den Bereich vor dem Tempel. Gleichwohl gibt es ein ständiges feierliches Hin und Her zwischen Außen und Innen; denn auch wenn die Gottheit selbst stets mehr ist als das Bild in dem Tempel, so verlegt sich im Augenblick der Kulthandlung doch das Wesen des in der Welt wirkenden Gottes gewissermaßen in sein Bild, wird in ihm gegenwärtig, ohne daß dieses Bild zur Gottheit selbst würde.

Bei den Christen dagegen ist es anders. Wie es kein Götterbild gibt, so kann es nichts geben, was dem Tempel irgendwie vergleichbar wäre, sondern nur einen Raum, in dem sich das kultische Geschehen vollzieht; dieses aber ist ein Mysterium und muß daher den Augen derer, die nicht eingeweiht sind, verborgen bleiben. So kann es auch nicht zu einer Rivalität zwischen Tempel und Kirche kommen. Ja, man möchte sagen, je ernster es den Christen um den Vollzug des Sakramentes war, desto mehr mußte ihnen zunächst daran liegen, den Bau, in dem man zum Gottesdienst und zum Herrenmahl zusammenkam, so schlicht wie möglich zu halten; dies war notwendig, einmal schon, um ihn vom Hause des »Götzendienstes« zu unterscheiden, dann aber auch, weil das sich in ihm vollziehende Geschehen etwas Unsichtbares war, dem äußerlich keine Gestalt zu geben war. Das Brechen des Brotes und das Trinken des Weines konnten eigentlich in jedem Raum geschehen. Die äußere Erscheinung des Raumes, der Bau als solcher war im Grunde völlig gleichgültig; ja der Raum selbst war, wenn es in ihm überhaupt etwas gegenständlich Sichtbares, aber heute nicht mehr Vorhandenes gab, als Stätte des christlichen Kultes völlig unkenntlich; war doch auch der Altar selbst zunächst ein beweglicher Tisch. Das einzige, was den Raum hätte auszeichnen können, wäre vielleicht eine aufgemauerte Stufe, auf der dieser Tisch seinen Platz hätte haben können; aber eine solche gibt es selbst noch nicht am Ende des dritten Jahrhunderts.

Man muß sich dieser Tatsache bewußt sein, um vermuten zu dürfen, daß unter den heute erhaltenen Ruinen aus dem ersten Jahrhundert n. Chr. noch mancher Bau vorhanden sein könnte, der als Kirche diente; vielleicht könnte man sie einmal in den beiden Städten Pompeji und Herculaneum finden, die an jenem unheilvollen 24. August n. Chr. verschüttet wurden, zu einer Zeit, als es auch in den kleinen Orten, wie etwa Puteoli, wo Paulus nach der Apostelgeschichte (20,13) auf seiner Reise nach Rom auf Bitten der dort wohnenden Christen sieben Tage blieb, bereits regelrechte Gemeinden gegeben haben muß. Die einzige wirkliche Christenverfolgung vor der Verschüttung der Vesuvstädte, die sich nach dem großen Brande Roms im Jahre 64 wahrscheinlich im wesentlichen auf die Hauptstadt beschränkt hat und die Sueton erwähnt und über die Tacitus berichtet, bestand wohl weniger in der Zerstörung von Bauten, in denen man sich zum Gottesdienst versammelte, als in dem Vorgehen gegen die Gläubigen als solche. Es war damals wohl nicht anders als dreihundert Jahre später bei dem Verbot des heidnischen Gottesdienstes durch das Edikt des Theodosius. Durch dieses wurden die Tempel geschlossen, vom Staat beschlagnahmt, zum Teil wohl, um als Steinbruch zu dienen, zum Teil aber auch, um in Kirchen verwandelt zu werden, die heute noch stehen. Nur wo zur Zeit der neronischen Christenverfolgung ein Bau als solcher sich als Kirche auch dem Uneingeweihten bekundet hätte – und das war, wie gesagt, nach dem Wesen des Urchristentums kaum irgendwo der Fall –, hätte der Schließung eines christlichen Kultraumes seine Zerstörung folgen können. Sinnvoller war es in jedem Fall, ihn zu anderen Zwecken zu verwenden, etwa als Lagerraum oder, wie er es vor seiner Verwendung als Stätte des christlichen Kultes gewesen sein dürfte, auch wieder zum Wohnen.

Die Schwierigkeit wird daher sein, diese frühen »Kirchen« überhaupt auch in Pompeji oder Herculaneum als solche zu erkennen; denn es waren ja noch nicht allein stehende Bauten, sondern für den Gottesdienst zur Verfügung gestellte, vielleicht erweiterte Räume von Privathäusern, die nicht irgendwie gekennzeichnet zu sein brauchen. Der zur Zeit des Kaisers Septimius Severus, also um die Wende vom zweiten zum dritten Jahrhundert lebende Klemens von Alexandria, wohl aus Athen gebürtig, der unter Kaiser Commodus zu schreiben beginnt und etwa um 215 gestorben ist, schreibt in einer Anweisung über für den Christen zulässige Siegelringe: »Unsere Zeichen aber sollen Tauben oder Fische oder ein Schiff, das mit günstigem Wind fährt, oder eine Lyra, die Polykrates gebraucht, oder ein Schiffsanker sein, den sich Seleukos als Wappen gravieren ließ. Und wenn einer fischt, wird er des Apostels gedenken und der aus dem Wasser gezogenen Kinder. Denn Götzenbilder darf man nicht herstellen; es ist ja auch verboten, sich ihnen zu nähern, und ebensowenig soll es ein Schwert oder ein Bogen sein, sofern man den Frieden ersehnt, oder ein Becher, wenn man enthaltsam ist.«

DIE CHRISTEN IN DEN VESUVSTÄDTEN

Wenn unter den um die Wende vom zweiten zum dritten Jahrhundert geltenden Symbolen der Christen Klemens von Alexandria das Kreuz nicht nennt, so hat das wohl kaum, wie man angenommen hat, seinen Grund darin, daß die Gemeinden in den Jahren 202 und 203 einer schweren Verfolgung ausgesetzt waren und Klemens daher nur solche Dinge nennt, in denen nicht jeder ein allzu deutliches christliches Symbol erkennen mußte. Man muß sich vielmehr fragen, ob das Kreuz zu seiner Zeit nicht etwas anderes war als ein Symbol, ob es nicht eine andere Wirklichkeit besaß, deren Wesen mit dem Begriff Symbol überhaupt nicht erfaßt werden kann. Denn daß sich die Christen schon sehr bald nach dem Tode Christi eben zu dem Kreuz bekannten, als was immer man es bezeichnen mag, lehren Funde aus den Städten am Fuß des Vesuvs, die hier nicht unerwähnt bleiben dürfen. Zwar hatten die Räume, in denen man diese Kreuze fand, nichts mit dem zu tun, was wir als Kirchen zu bezeichnen hätten; auch waren es wohl nicht einem größeren Kreis zugängliche Oratorien, daß heißt Beträume. Aber die Funde lassen doch daran denken, daß es damals auch schon in den Räumen, in denen man zum Gottesdienst zusammenkam, das Kreuz gegeben haben könnte, das einzige vielleicht an Sichtbarem, auf das sich die Andacht der in ihnen Versammelten konzentriert haben könnte.

In zwei Briefen an Tacitus hat der jüngere Plinius auf dessen Bitte, ihm doch Näheres mitzuteilen über den Tod seines Onkels C. Plinius Secundus, etwa fünfundzwanzig Jahre nach dem Ereignis jenen Ausbruch des Vesuvs am 24. August des Jahres 79 geschildert, dessen von schweren Gewittern zu Boden gedrückte Aschenmassen Pompeji, Herculaneum und die an den Abhängen des Berges gelegenen Landhäuser und Dörfer begruben. Er selbst war damals mit seiner Mutter in der römischen Flottenbasis am Kap Misenum, erlebte also die Katastrophe unmittelbar, doch ohne Gefahr für sein Leben, während sein Onkel in Stabiae den Tod fand.

Schon in den Tagen zuvor hatte sich der Berg gerührt, und gewiß war mancher in der Erinnerung an das Erdbeben am 5. Februar 63 n. Chr. unruhig geworden. Doch an dem Vormittag, dem die grauenvolle Finsternis folgte, welche die sommerlichen Hänge in eine trostlose Wüste verwandelte, schien die Sonne so friedlich auf den weiten Golf zwischen dem Kap Misenum und der Sorrentiner Halbinsel, daß man sich keine Sorgen mehr machen zu müssen glaubte. Da brach mit einem Male um ein Uhr mittags unter der ungeheuren inneren Spannung der Kegel des Berges auseinander und die hochgeschleuderten Aschenmassen und

Steinbrocken verdüsterten den Himmel, so daß es stockfinster wurde, und bald begann die durch den Regen sich in Schlamm verwandelnde Asche sich mit ungeheurem Getöse vom Berge herabzuwälzen, alles unter sich begrabend.

Unter dem Eindruck dieses Unheils könnte es gewesen sein, daß ein Mann in die Wand des Trikliniums seines bescheidenen Hauses in Pompeji mit großen flüchtigen Buchstaben untereinander die Worte schrieb:

Sodom
Gomora.

Daß diese Worte, die man inzwischen mit dem sie tragenden Teil der Wand ablöste und ins Museum von Neapel brachte, ganz ohne Beziehung auf das, was da geschah, irgendwann einmal in die Wand geritzt wurden, ist ebensowenig wahrscheinlich, wie daß sie sich auf das Erdbeben des Jahres 63 beziehen; denn damals war, obwohl mancher Tempel und manches Haus zusammenstürzte, nichts geschehen, was sich mit dem vergleichen ließe, was sich an diesem Tage ereignete, der sich unter den von Blitzen durchzuckten regenschweren Aschenwolken bald in eine unheimliche Finsternis verwandelte, wie Plinius schreibt: »nicht wie in mondloser und bewölkter Nacht, sondern wie in einem Raum ohne jede Öffnung«. Die Worte »Sodom! Gomora!« erscheinen wie ein Ausruf des Entsetzens über das Geschehen. Wie zwei Schreie rufen sie das Schicksal der beiden Städte des Alten Testaments ins Gedächtnis, die genauso untergingen wie in diesem Augenblick die Stadt am Vesuv. Ob derjenige, der die beiden Namen schrieb, sich retten konnte, wissen wir so wenig, wie ob er Jude oder Christ war. Daß es Juden in Pompeji und wohl auch in Herculaneum gab, bezeugen eine Reihe jüdischer Namen wie Maria, Martha und Mamud, vielleicht auch Darstellungen mit antisemitischem Charakter, wie wohl auch von jenen Christen, bei denen Paulus nach der Apostelgeschichte (28,13–14) zwanzig Jahre zuvor im unfernen Puteoli sieben Tage lang auf seiner Reise nach Rom blieb, die meisten Juden gewesen sein dürften.

Auch in Pompeji lebten damals gewiß Christen, die vielleicht ebenfalls zum Teil Juden gewesen sein werden, wenn es unter den Bewohnern der Stadt auch Römer gegeben hat, die zum Christentum übergetreten sein müssen. Wahrscheinlich wird auch von der kleinen Gemeinde in Pompeji der eine oder andere damals hinübergefahren sein über den Golf nach Puteoli, als die Kunde kam, daß Paulus dort sei. Von seinen damals gehaltenen Predigten wissen wir im einzelnen nichts; jedoch im ersten Brief an die Korinther (17 ff.) hat er wohl die Quintessenz seiner Lehre zusammengefaßt, wenn er schreibt:

»Gott hat mich gesandt, das Evangelium zu predigen, nicht mit bedeutender Weisheit, sondern im Beweis des Geistes und der Kraft, damit nicht das Kreuz Christi entleert werde. Denn das Wort vom Kreuz ist den Verlorenen eine Torheit, denen, die gerettet werden, aber eine Gotteskraft.« Das führt er dann weiter aus, indem er sagt, daß Gott das Skandalon des Todes Christi am Kreuz wollte, »weil die Juden Zeichen fordern und die Griechen Weisheit suchen, wir aber Christus den Gekreuzigten predigen, den Juden ein Ärgernis, den Heiden eine Torheit, den Berufenen aber, Juden sowohl wie Griechen, Christus die Macht Gottes und die Weisheit Gottes«. Die Notwendigkeit von Christi Tod am Kreuz als die Voraussetzung seiner Auferstehung und der so bewirkten Erlösung derer, die dem Widersinn zum Trotz sich zu ihm bekannten, mag Paulus auch denen, die nach Puteoli kamen, verkündet haben. Wohl nur so ist es zu verstehen, daß wenige Jahre darauf in Pompeji in dem Laden eines Bäckers eine Kreuz angebracht wurde (Tafel 5).

In einem großen vornehmen Haus Pompejis, das noch aus der Zeit stammt, ehe die Römer Herren der Stadt wurden und in dem später anscheinend zwei Männer, Proculus und Pansa, wohnten, stieß man, als man es in den Jahren 1813/14 ausgrub, an der Ecke gegen die Straße, die hier, vom Herculaner Tor kommend, zum Forum umbiegt, also an einer Stelle, an der alltäglich viele Menschen vorbeigingen, auf einen Bäckerladen mit den anschließenden Lagerräumen und der Backstube. Diese von dem alten Patrizierhaus abgetrennten Räume waren wohl erst nach dem Erdbeben des Jahres 63 n. Chr. an einen Bäcker vermietet worden; sicher war dieser ein Römer; denn auf die Innenseite des Pfeilers zwischen den beiden Türen zur Straße im Westen ließ er die Schlange malen, die den im Erdboden wohnenden guten Hausgeist verkörpert; neben ihrem Bild ließ er einen Ziegel so einlassen, daß darauf ein Öllämpchen seinen Platz hatte. Ja, als ein echter Handwerker des Südens brachte er über dem runden Backofen in der weiter zurückgelegenen dunklen Backstube ein Tonrelief mit einem großen Phallos an, der mit der Beischrift versehen ist: »Hic habitat Felicitas.« Der Phallos ist auch heute noch gerade am Fuß des unheimlichen Berges ein weitverbreitetes Symbol, das an sich, da es ein uraltes Kraftzeichen ist, gar nichts Obszönes hat, geschweige denn in der Vorstellung der Menschen etwas Sündhaftes bedeuten müßte. Heute wie vor zweitausend Jahren sichert es Glück und Gelingen, schützt gegen den bösen Blick, bewahrt den Bauern oder Händler vor dem Radbruch wie den Bäcker vor dem Verbrennen des Brotes oder dem Einsturz seines Backofens, wie es denn auch nicht im Widerspruch dazu steht, daß heute in dem gleichen Raum, in dem es sich befindet, vor einem

Madonnenbild ein Öllämpchen brennt oder daß zu dem »Cornetto« zwischen den Rädern des Wagens der österliche Ölzweig gehängt wird.

Vielleicht solle man sich dessen erinnern, um nicht allzu überrascht zu sein, daß im Bäckerladen selbst genau gegenüber der größeren der beiden Türen zur Straße, die das Forum mit dem Tor nach Herulaneum verbindet, an der Wand, in Stuck gebildet, auf einer ebenfalls weißen Stuckfläche bei der Freilegung des Raumes ein großes lateinisches Kreuz saß, so daß jeder, der auf dem Weg zum Markt in die Stadt hineinkam oder sie verließ, es sehen konnte. Die Zeit hat es inzwischen zerstört, doch wurde es unmittelbar nach seiner Auffindung gezeichnet und in Kupfer gestochen; zudem lassen Nagelspuren an der Stelle, an der es saß, seine Größe ermitteln, so daß man es wiederherstellen und bei einer allerdings vergeblichen Grabung nach seinen Resten an der Mauer befestigen konnte. Dieses Kreuz gegenüber einem Larenheiligtum ist für jeden, der kein Verständnis hat für Menschen, die in einer entscheidenden Zeitwende leben, wo alles noch im Fluß ist, vielleicht etwas Unbegreifliches, dennoch ist es ein Kreuz und nichts anderes, wie derjenige, der es nach der Auffindung zeichnete (Abb. S. 6) und beschrieb, sagt: »Ich kann mich nicht dazu entschließen, in ihm ein unbekanntes Werkzeug zu erkennen, wie es einige Personen vorschlugen, denen ich die Zeichnung vorlegte. Es ist wirklich schwierig, in ihm nicht ein lateinisches Kreuz zu erkennen.« Auch er wunderte sich, daß ein Kreuz in dem Laden des Bäckers angebracht sei, einem Larenaltar gegenüber, ganz zu schweigen von dem Zeichen in der dunklen Backstube. Gewiß, paulinisch ist dieses Beieinander von Larenheiligtum und Kreuz nicht, doch offenbar hat der Bäcker zwischen der Schlange des Hausgeistes und dem Kreuz nicht einen Widerspruch empfunden. Ohne Zweifel aber war er Christ; denn was sollte sonst dieses Kreuz an der Wand sein, wenn nicht ein Kreuz, auch wenn das untere Ende keulenförmig abgerundet ist und seine Querarme sich an den Enden verbreitern, wie es große lateinische Buchstaben in monumentalen Inschriften der gleichen Zeit zu tun pflegen. Sicher ist es nicht die Darstellung eines Gerätes, wie man geglaubt hat, etwa eines Hammers; denn ein solcher hätte gewiß nicht einen sorgfältig profilierten Rand, der es als Handwerkszeug völlig ungeeignet macht. Was sollte auch die Darstellung eines Hammers in einem Bäckerladen? Man kann dieses Kreuz, das einst die Ausgräber zu ihrer eigenen Überraschung an dieser Stelle fanden, auch wenn es inzwischen verloren ist, aber nicht einfach wegdiskutieren oder so tun, als wäre es nie dagewesen. Da es kaum wahrscheinlich ist, daß ein römischer Bäckermeister durch einen der in Pompeji lebenden Judenchristen zum neuen Glauben bekehrt wurde, könnte dieser Mann einer von denen gewesen sein, die mit hinüberfuhren nach Puteoli, als Paulus dort predigte. Als er dann nach dem Erdbeben des Jahres 63 in dem Haus des Pansa seinen Laden einrichtete, mag er in ihm dieses Zeichen angebracht haben.

Bei der Grabung unterhalb des Kreuzes, die in der Hoffnung gemacht wurde, es sei vielleicht einmal unter der Einwirkung der Witterung oder von Erdstößen im Laufe der anderthalb Jahrhunderte seit seiner Entdekkung von der Wand gefallen, fand man zwar von ihm nichts, dafür aber die Reste einer kleinen Fontäne, eine Leitung aus Tonröhren, die zu einem niedrigen Marmorsockel mit Löwenfüßen führte. Das, was auf diesem Sockel stand, ist verlorengegangen. Ob es sich noch an seinem Platz befand, als man 1813 das Haus freilegte, entzieht sich unserer Kenntnis, wie auch die Leitung in dem Bericht über die Grabung nicht erwähnt wird. Unmittelbar neben dem Sockel befindet sich das rechtekkige, sorgfältig ausgemauerte Becken einer Zisterne. Es ist älter als die Einrichtung der Bäckerei, das Kreuz an der Wand und die kleine Fontäne neben ihm; denn in das Becken waren die Blöcke aus Sarnotuff weggeräumt, die von der bei dem Erdbeben des Jahres 63 zusammengestürzten Ecke des Hauses stammen. Seitdem diente die Zisterne offenbar lediglich als eine Art von Sickergrube für die kleine Fontäne, die ihren Platz genau unter dem Kreuz an der Wand hatte, so daß die Vermutung nicht ganz unberechtigt ist, daß Kreuz und Brunnen etwas miteinander zu tun hatten, zumal beide erst aus der Zeit nach 63 stammen können. Wie man aber die Verbindung von Kreuz und fließendem Wasser zu deuten hat, wissen wir nicht, und gefährlich wäre es, das Nebeneinander von Kreuz und Brunnen mit einer Vermutung zu überziehen.

Was aber ist das Kreuz im Hause des Pansa? Man hat gegen ein Kreuz in der Zeit vor dem Jahre 79 eingewendet, daß es in den zweieinhalb Jahrhunderten nach dem Untergang der Vesuvstädte, abgesehen von dem 1856 am Südwesthang des Palatins in Rom aufgefundenen Spottkruzifix, das einen Esel an einem Kreuz darstellt und das vielleicht erst im dritten Jahrhundert in die Wand eines Raumes des Pädagogiums geritzt wurde, nur eine einzige Darstellung des Kreuzes gäbe; auf einem Fresko im Aurelier-Hypogaeum am Viale Manzoni in Rom, das frühestens am Beginn des dritten Jahrhunderts gemalt wurde, findet sich eine männliche Gestalt. Mit der erhobenen Rechten deutet sie auf ein dunkles lateinisches Kreuz, dessen Enden leicht auseinanderstreben. Doch selbst dieses Kreuz hat man in seiner Aussagekraft angefochten, indem man sagte, man wisse nicht, was es eigentlich sei: das Kreuz von Golgatha, das Kreuzzeichen der Versiegelung für die zweite Wiederkehr Christi oder gar, trotz seiner dunklen Farbe, das eschatologische Lichtkreuz. Man hat darauf aufmerksam gemacht, daß das Kreuz, vor allem auf den Sarkophagen, als crux triumphalis oder Symbol des Grabes am Ölberg wie des Auferstandenen eigentlich erst nach dem endgültigen Sieg der Kirche, ja möglicherweise unter dem Eindruck gerade dieses Sieges dargestellt werde, zuvor nicht.

Doch war das Kreuz in dem Bäckerladen von Pompeji überhaupt die Darstellung eines Kreuzes in dem Sinn, wie es dann später auf Sarkophagen, Türstürzen, Ampullen, Elfenbeinen und in Mosaiken erscheint? Gewiß könnte man in ihm bei der sorgfältigen Formung seines erhabenen Randes etwas wie ein kleines, wenn auch bescheidenes Kunstwerk erkennen (Abb. S. 6). Doch weder in seinem Wesen noch als Darstellung läßt es sich als solches fassen, genausowenig wie die gemalte Schlange des Hausgeistes diesem Kreuz gegenüber zwischen den beiden Türen, neben der das Lämpchen brannte, ja etwas wie ein Bild war. Sie war für den, der sie verehrte, ihr Speise hinstellte, eher dieser Hausgeist selbst oder sie vertrat ihn, indem sie ihn im Bilde sichtbar machte; denn er hauste unten in der Erde, tauchte des Nachts aus seinem Schlupfwinkel auf, um von den Speisen zu kosten. In einer solchen Darstellung liegt etwas außerordentlich schwer zu Fassendes, wie in allen Andachtsbildern, selbst denen unserer Tage. Die Statuette des heiligen Antonius etwa, den die kleine Lampe beleuchtet, ist gewiß nicht nur das Abbild des Heiligen; aber ebensowenig ist sie er selbst, auch wenn der schlichte Gläubige auf die Frage antworten würde: »Es ist der heilige Antonius.« Für einen Liebenden ist das Bild der Geliebten sie selbst und ist es doch auch wieder nicht. Solche Abbilder stehen auf einer Grenze, für den Gläubigen in seiner uneingeschränkten Wirklichkeit diesseits, für den, der über ihr Wesen zu reflektieren beginnt, jenseits aller Vernunft.

Nicht anders ist es mit der Schlange und dem Kreuz im Laden des Bäckers. Wir sehen in beiden nur allzuleicht Darstellungen. Für den, der sie einst dort anbringen ließ, waren sie gewiß etwas anderes. Sie waren da, auf daß sie ihm zur Seite stünden, sein Werk segneten, das Unheil von seinem Hause abwehrten, beide, der altertümliche Hausgeist wie das nun plötzlich seine Kraft entfaltende Kreuz. Man kann sich fragen, worin eigentlich der Widerspruch liegt, wenn einer beides an der Stätte seines Wirkens anbringen läßt, das eine, das ihm gewiß seit seiner Kindheit vertraut und notwendig war und das erst allmählich in einem Menschen, der mit dem Vertrauen auf diesen Hausgeist und seiner Verehrung groß geworden ist, seine Wirksamkeit verliert und schwindet, und das andere, das ihm nun begegnet ist und dessen Ausschließlichkeit erst ganz allmählich den Einfluß der alten Kraft überwinden wird. Paulus selbst schreibt ja an die Gemeinde in Korinth (I. 9,1): »Denn auch, wenn es die sogenannten Götter im Himmel und auf Erden gibt, wie es ja viele Götter und viele Herren gibt, so ist doch für uns nur der eine Gott der Vater, aus dem alles stammt und zu dem wir streben, und der eine der Herr: Jesus Christus, durch den alles ist und wir durch ihn. Aber nicht an allen wohnt diese Erkenntnis. Manche von Euch essen das Fleisch, weil sie noch immer an die Götzen gewohnt sind, als das Götzenopferfleisch, und ihr Gewissen, das schwach ist, wird befleckt.«

Daß es mit einer Ausnahme außer diesem einen Kreuz in Pompeji, an dem keiner, auch wenn es heute zerstört ist, ohne Winkelzüge vorbeikommt, kein Kreuz aus dem zweiten oder dritten Jahrhundert gibt, kann eigentlich nicht überraschen, sondern ist fast eine Selbstverständlichkeit, wenn man sich dieses Zeichen aus Pompeji ansieht und sich einmal überlegt, wie lange sich wohl ein solches Kreuz erhalten hätte, wäre nicht alles Leben der Stadt mit einem Schlage in den erstarrenden Schlammfluten versunken, die auch dieses so vergängliche Kreuz bewahrten, bis die Ausgräber es fanden. In wenigen Jahren war es dann verschwunden. Allerdings fand man es in einer Ruine. Doch hätte es sich in einem überdachten Raum wesentlich länger gehalten? – Eine Generation, vielleicht zwei, vielleicht ein Jahrhundert – aber noch länger? Das Leben hätte diese vergänglichen Dinge ausgelöscht, wie es in Rom oder Ostia der Fall gewesen sein mag. Daran aber ist nicht zu zweifeln, daß das Kreuz als Darstellung und damit in einer gewissen Entfremdung gegenüber dem, was es in Pompeji eben noch nicht war, erst wesentlich später zu fassen ist. In Pompeji ist es das Kreuz an sich und noch nichts anderes: Kreuz als etwas, mit dem man leben will, weder Symbol noch gar eine Darstellung irgendeines Bedeutungsinhaltes, sondern ein »wirkliches« Kreuz.

Nicht weniger wirklich in diesem Sinne sind die Spuren eines Kreuzes, die man einhundertfünfundzwanzig Jahre nach dem Kreuz von Pompeji, am 3. Februar 1938, im benachbarten Herculaneum aufdeckte (Tafel 1, 3, 4).

Das Schicksal dieser kleinen, unmittelbar am Meer gelegenen Stadt war am 24. August 79 ähnlich gewesen wie das von Pompeji. Noch steiler war hier das Gefälle der Schlammassen, die wie eine Lawine herab vom Bergkegel glitten und die damals den Verlauf der Küste etwa einen halben Kilometer weiter nach Süden schoben. Die Nähe des Meeres mag es manchem Bewohner vielleicht ermöglicht haben, sich trotz des Seebebens, des Regens und der Finsternis in Sicherheit zu bringen. Wem der Fluchtweg nicht gelang, war in dem Raum zwischen Berg und Meer verloren, über dem die Verschüttung durch den Schlamm im Laufe von wenigen Stunden stellenweise bis zu einer Höhe von vierzehn Metern anwuchs, höher noch als in Pompeji, auch zweistöckige Häuser begrabend, wenn der Druck der Massen ihre Mauern nicht zum Einsturz brachte.

Es wirkte fast wie ein Wunder, daß bei diesem Anprall von einem großen Haus, unmittelbar südlich des Forums, dessen Fläche eigentlich keinen Widerstand bot, nicht nur das Erdgeschoß weitgehend stehenblieb, sondern auch große Teile eines oberen Geschosses. Wie so mancher Bewohner Pompejis und Herculaneums hatte der Besitzer dieses Hauses, das etwa in augusteischer Zeit an der Stelle von älteren Gebäuden errichtet worden war, vielleicht nicht erst nach dem Erdbeben des Jahres 63, sondern möglicherweise schon um die Mitte des ersten Jahrhunderts n. Chr. sein Anwesen, das aus einem typischen Atriumhaus mit einem südlich von ihm gelegenen Gartenperistyl, einem gesonderten Speisesaal und einer neben ihm liegenden Küche bestand, zum Teil vermietet, indem er in dem Obergeschoß drei Wohnungen einrichten ließ.

Von ihnen erreichte man diejenige, die im hinteren Teil des Anwesens über den Hallen des Peristyls lag (Tafel 2), über eine steile Treppe aus diesem. Von ihren Räumen ist der zufällig am besten erhaltene ein kleines Zimmer von nur drei Meter Länge und 2,70 Meter Breite, das früher einmal als Schlafgemach gedient hatte. Es liegt an einem nur einen Meter breiten Gang, von dem es durch eine noch schmälere Tür betreten werden kann. Diese Tür sitzt nicht genau in der Mitte der Wand, sondern um etwa einen römischen Fuß nach Süden verschoben, so daß sie einem Fenster des Ganges gegen das Peristyl entspricht. Dieses Fenster und die ihr gegenüberliegende Tür waren die einzige Lichtquelle für das kleine Gemach, an dessen Westwand der Tür gegenüber sich bei der Ausgrabung ein annähernd rechteckiges Feld aus weißem Stuck von etwa 64 cm Höhe und 82 cm Breite fand, das ein einmal auf diese Wand geheftetes Holzkreuz von 42,2 cm Höhe und 35,7 cm Breite umschlossen hat (Tafel 1). Sein senkrechter, sich leicht nach oben verjüngender Stamm war mit je zwei Nägeln oben und unten auf die Wand geheftet, ehe man den Stuck um es verstrich. Dies geschah mit einer gewissen Sorgfalt; denn man hatte das Feld zuvor auf der Mauer vorgerissen, wie die sich kreuzenden Linien an den beiden unteren Ecken erkennen lassen. Das Kreuz selbst ist, wie man aus der Beschädigung des Stuckfeldes in dem Winkel zwischen dem oberen Ende des Stammes und dem linken Arm erkennen kann, gewaltsam von der Wand gerissen. Um das Werkzeug, mit dem man es ablöste, an der Stelle, wo Stamm und Querholz sich kreuzen, ansetzen zu können, mußte man den Verputz an dieser Stelle zerschlagen. Daß er dabei auch an anderen Stellen abbröckelte, ist nur zu verständlich. Doch hat sich von den Konturen des herausgebrochenen Kreuzes so viel erhalten, daß man die verlorene Form ziemlich genau bestimmen kann. Während über dem Kreuz noch ein Streifen der Stuckfläche von etwa 22 cm Höhe freibleibt, begann es unten ziemlich unmittelbar über ihrer unteren Kante, die etwa 1,15 m über dem Boden liegt, so daß ein nur 1,04 m hohes Schränkchen unter ihm Platz hatte, das bei der Auffindung wohl nur deswegen ein wenig nach rechts verschoben war, weil derjenige, der das Kreuz von der Wand lösen wollte, es beiseite rücken mußte (Tafel 4).

Wie bei dem Kreuz in der Bäckerei im Haus des Pansa in Pompeji müssen die Enden der horizontalen Kreuzarme, nach den Ausbrüchen im Stuck zu schließen, etwas verstärkt gewesen sein. Zudem waren diese Verstärkungen leicht einwärts geschweift. Dem senkrechten Stamm fehlte dagegen wie dem Kreuz in Pompeji eine Ausschweifung des oberen Endes. Es hatte jedoch nicht wie jenes einen unteren halbrunden Abschluß. Bei dem Kreuz von Herculaneum könnte es sich, nach dem Ausbruch zu schließen, unten allenfalls um eine ganz leichte Rundung handeln.

Im übrigen aber gleichen sich die beiden Kreuze in Herculaneum und in Pompeji auffallend. Für beide ist charakteristisch, daß das Kopfende verhältnismäßig kurz war und daß sich der senkrechte Stamm nach oben verjüngte. Doch war das Kreuz in Herculaneum die Arbeit eines Zimmermanns und nicht die eines Stukkateurs. Daher unterschied es sich von dem in Pompeji, soweit man dies nach dem Stich beurteilen kann, in einem: Der Querbalken bildete mit dem senkrechten Stamm keinen rechten Winkel, sondern hatte sich bei der Befestigung an der Wand, da Stamm und Querholz nur mit einem Nagel verbunden waren, leicht nach rechts geneigt. Eine noch stärkere Abweichung von der Horizontalen verhinderte man dadurch, daß man in den rechten Arm einen kleinen Stift trieb, ehe man den Stuck um das Kreuz verstrich.

Was dieses Stuckfeld bedeutet, lehren die Stuckfelder, die in Pompeji und Herculaneum die Nischen oder auch kleine Ädikulen für die Hausgötter, die Genien und Laren, umschließen; ja selbst heute noch umgeben solche Felder in ländlichen Gegenden die Nischen für kleine Gnadenbilder in den Hauswänden. Wenn man nach dem Sinn eines solchen Feldes fragt, dann erhält man zur Antwort, daß so das Gnadenbild, das ja geweiht sei, aus der Wand herausgesondert sei; kaum anders hätte sich wohl ein Bewohner der Vesuvstädte geäußert, wenn man ihn nach dem Sinn eines solchen Stuckfeldes gefragt hätte.

Dies alles aber schließt die Annahme aus, daß es sich bei dem Kreuz von Herculaneum etwa um die Spuren der Anbringung eines kleinen Bordes und gar nicht um ein wirkliches Kreuz handle. Man hat nämlich geglaubt, daß auf dem senkrechten, an der Wand mittels Nägeln befestigten Holz, das sich ziemlich unverständlich nach oben verjüngt haben sollte, mittels einer Konsole ein horizontales Brett angebracht gewesen sei zur Aufnahme irgendwelcher Gegenstände. Doch wäre nicht einzusehen, warum ein solches Bord, dessen senkrechter Träger mit tief in die Wand getriebenen Nägeln befestigt war, gewaltsam herausgerissen wurde, wie sowohl aus dem Ausbruch im Stuckfeld links der Kreuzung von senkrechtem Stamm und Querholz hervorgeht als auch aus dem beiseite gerückten Schränkchen vor ihm, das doch ursprünglich unmittelbar unter dem Stuckfeld gestanden haben wird. Wer sollte im letzten Augenblick etwas wie ein Bord bergen? War es nicht eben doch ein Kreuz, ein Kreuz wie das an der Wand der Bäckerei in Pompeji – nur hier nicht wie dort aus Stuck, sondern ein Holzkreuz? Könnte es nicht so gewesen sein, daß, wie andere in der höchsten Not, als die grauenvolle Nacht über sie hereinbrach, ihre Genien und Laren ergriffen und mit ihnen flüchteten, einer von denen, die hier wohnten, das Kreuz von der Wand riß, auf daß es ihn begleite und schütze wie die anderen ihre Hausgötter.

Was es mit dem Schränkchen auf sich hat, läßt sich schwer entscheiden. Sein Inhalt gibt weiter keinen Aufschluß über seine Verwendung, weder eine Holzbüchse noch die beiden Lampen – aber auch nicht ein Spielwürfel. Man hat geglaubt, dieser schlösse aus, daß in diesem Raum ein Christ gewohnt haben könne. Aber hätte kein Christ jemals einen Würfel besessen, so hätte Tertullian keinen Grund gehabt, zu Beginn des dritten Jahrhunderts gegen das Würfelspiel unter den Christen zu wettern.

Man hat das Schränkchen für etwas wie einen Altar gehalten und dafür spräche nicht nur die absonderliche Form, sondern auch die Tatsache, daß es sowohl als Ganzes sehr sorgfältig gearbeitet gewesen zu sein scheint, wie daß vor allem die unter ihm vortretende Fußbank aus Hölzern gebildet ist, die als eine Art von Intarsie ein quergestelltes quadratisches Mittelfeld umrahmen. Man wird zwar an Altäre für die Hausgötter erinnert, doch fehlt einstweilen noch die Möglichkeit, dem Gegenstand den ihm gemäßen Namen zu geben und seine Bedeutung zu erkennen; denn auch wenn es nur ein Schränkchen war, auf dem wohl die beiden Lampen gestanden haben könnten, so wird man von ihm nicht ausgehen dürfen, um den Sinn des Kreuzes zu erfahren, das einst an der Wand in dem Stuck befestigt war.

Doch sollte eines nicht übersehen werden. Beiderseits des Feldes saß in gleicher Höhe vom Fußboden und in gleichem Abstand vom senkrechten Stamm des Kreuzes – in Blei eingegossen und nur mit dem in der Wand steckenden Teil erhalten – je ein eiserner Stab. Der heraustretende Teil ist vom Rost zerfressen. Diese Eisen müssen etwas getragen haben, gewiß nicht, wie man angenommen hat, einen Rahmen für das Stuckfeld. Vielleicht waren es zwei kleine Bügel, an denen man Lampen aufhängen konnte. Diese Eisen müssen angebracht worden sein, ehe man das Kreuz mit dem Stuck umgab; denn sie haben bis auf wenige Millimeter genau den gleichen Abstand von der Mitte des Kreuzes, während das Stuckfeld bei der Anbringung im Verhältnis zu ihnen und dem Kreuz etwas nach rechts verschoben ist. Auch das, wozu diese Eisen dienten, war also, wie das Kreuz, an der Wand befestigt, ehe man dieses mit dem Stuck umgab.

Ein Kreuz also wie das in Pompeji, gewiß ein Kreuz, das derjenige, der es hier anbrachte, für so wichtig hielt, daß es den kleinen Raum beherrschte, neben dem er vielleicht, wie andere vor den Bildern der Hausgeister, Lampen aufhängte, das er vielleicht auch, wie jene die Nischen und Ädikulen für die Genien und Laren, irgendwie schmückte – vor allem aber, das ihm so wert war, daß er es in der Nacht, in der Pompeji und Herculaneum wie Sodom und Gomorrha untergingen, von der Wand riß, um sich seiner rettenden Kraft anzuvertrauen.

War der Bäcker in der Casa die Pansa in Pompeji, nach dem Larenheiligtum gegenüber dem Kreuz in seinem Laden zu schließen, wohl ein Römer, das heißt ein Heidenchrist, so waren diejenigen, die in der kleinen Mietwohnung am Forum von Herculaneum lebten, allem Anschein nach Judenchristen; denn aus ihrer Wohnung stammen die Urkunden eines in Rom verhandelten Freilassungsprozesses, bei dem es um ein Mädchen mit Namen Justa geht. Nicht nur ist einer der Zeugen in diesem Prozeß nach seinem Namen ein Jude; auch die Mutter des Mädchens scheint eine Jüdin gewesen zu sein. Nicht auszuschließen ist die Überlegung, ob diese Juden nicht erst nach der Zerstörung Jerusalems und dem Ende des jüdischen Aufstandes als Sklaven nach Herculaneum kamen.

Die beiden Kreuze in Pompeji und Herculaneum werden nicht die einzigen in den Vesuvstädten gewesen sein, wie man denn im Juli 1955 in dem Atrium eines Hauses in Pompeji neben vielen anderen Kritzeleien ein mit Kohle auf die Wand gezeichnetes Kreuz fand, über dem die Buchstaben VIV standen und dessen Stamm noch einmal unten von einem V durchschnitten wird. Vielleicht gibt dieses bescheidene Kreuz den beiden anderen ihren Sinn. Denn was kann dieses VIV anderes bedeuten als ein VIVAT. Dieses aber kann nur dem Kreuz gelten wie dem, der durch seinen Tod an ihm über den Tod triumphierte, wie es in dem Brief an die Kolosser heißt, der um die Zeit geschrieben wurde, als die drei so verschiedenartigen Kreuze entstanden: »Gott, der uns unsere Sünden vergeben hat, der den Schuldschein mit den uns verklagenden

Sätzen gelöscht hat; er hat ihn beseitigt, ihn ans Kreuz geheftet, die Mächte und Gewalten hat er zum Spott gemacht, indem er sie überwand; in ihm hat er über sie triumphiert.«

Alle drei Kreuze stammen aus dem privaten Bereich, aus dem sich erst allmählich das sonderte, was wir dann Kirche nennen. Es wäre durchaus denkbar, daß das Kreuz zunächst das einzige war, was außer Brot und Wein zu ihr gehörte, kein Symbol, kein Abbild des Kreuzes von Golgatha, sondern etwas wie ein Tropaion.

Noch um die Wende vom vierten zum fünften Jahrhundert ist dieses in dem Kreuze spürbar. Auf der frühesten erhaltenen Darstellung des Gekreuzigten – einem Elfenbeinkästchen wohl aus Norditalien – hängt der Gekreuzigte an einem Kreuz mit ähnlich geschweiften Enden wie die Arme der frühen Kreuze in Pompeji und Herculaneum, – aber seine Augen sind weit geöffnet und mit der Geste, mit der man sich schon in heidnischen Darstellungen gegen die Erscheinung des Gottes wehrte, schützt der Wächter sich gegen den, der am Kreuze triumphiert.

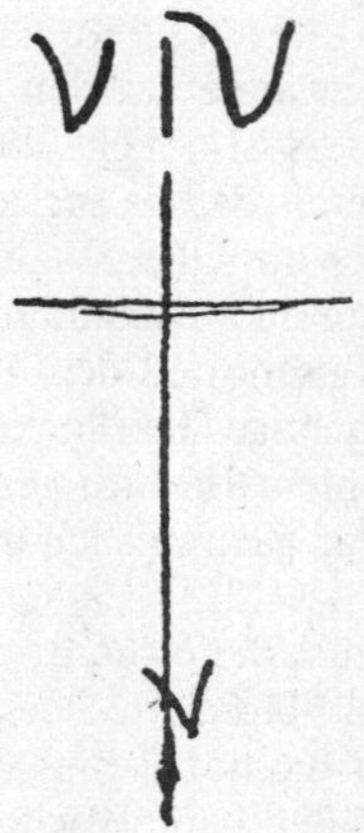

DIE KIRCHE DES ZWEITEN UND DRITTEN JAHRHUNDERTS

Die ältesten christlichen Gemeinden waren trotz ihres Wachstums kaum sehr groß. So hat Paulus beispielsweise in der Gemeinde von Korinth, die ihm nach seinem dreimaligen Aufenthalt dort und den beiden großen Briefen an die Korinther zu schließen am nächsten stand, nur drei Männer, die er mit Namen nennt, und das Hausgesinde des einen getauft; er sagt: »Weiter weiß ich nicht, ob ich noch etliche andere getauft habe.« Das Wachstum der Gemeinden wird auch nicht stetig gewesen sein; Verfolgungen, die schon früh begannen, werden einen Stillstand bewirkt haben, Ruhepausen eine Mehrung.

Wenn aber bei dem großen Brand Roms im Jahre 64 den Christen die Schuld zugeschoben wurde, so kann ihre Schar innerhalb einer Stadt, die damals etwa eine halbe Million Einwohner zählte, allerdings auch wieder nicht allzu klein gewesen sein. Sonst hätte man unter den Anhängern fremder und auch seltsamer Kulte, deren es in Rom eine ganze Menge gab, nicht gerade die Christen zu den eigentlichen Schuldigen an der Katastrophe gemacht. Doch waren sie wohl die einzigen unter den ernst zu nehmenden Sekten, die zwar gemäß den Anweisungen Christi: »dem Kaiser gaben, was des Kaisers ist«, nicht aber ihre Loyalität gegenüber dem Staat dadurch bekundeten, daß sie auch an dem Opfer für den Kaiser teilnahmen, wie sie sich auch aus Überzeugung dem Militärdienst entzogen. Sie mußten in dem Imperium Romanum, das ganz auf der höchsten Befehlsgewalt des einen Kaisers und dem unbedingten Gehorsam der Legionen beruhte, als verdächtige Gesellen erscheinen, auch dann, wenn sie nach unserer Kenntnis niemals etwas gegen einen Kaiser unternommen haben. Kein Christ war nachweislich in eine Verschwörung gegen den Kaiser verwickelt.

Aus einem von Eusebius überlieferten Brief des Papstes Cornelius, der im Jahre 251 den durch den Märtyrertod des Fabianus vakanten päpstlichen Stuhl bestieg, an den Bischof Fabius von Antiochia erfahren wir, daß es damals in Rom außer dem Bischof und den neunundvierzig Akoluthen, Geistlichen, die zu seinem unmittelbaren Gefolge gehörten, sieben Diakone zur Verwaltung der Regionen, sieben Subdiakone, die jenen zugesellt waren, und sechsundvierzig eigentliche Gemeindepriester gab, die Presbyter. Man hat daraus geschlossen, daß die Zahl der Gläubigen etwa fünfzigtausend Seelen betrug, was vielleicht eher zu hoch gegriffen ist als zu niedrig. Die Kirchen, das heißt die Versammlungsstätten der Christen, aber waren noch keine selbständigen Bauten. Sie befanden sich kaum anders als im ersten Jahrhundert in Privatgebäuden, nur daß die Räume wohl der Zahl der Gläubigen entsprechend größer waren.

Vermögende Christen, die ein Wohnhaus, Geschäfts- oder Lagerhaus besaßen, wie solche aus der betreffenden Zeit in dem Rom benachbarten Ostia heute noch bis zum zweiten, ja bis zum dritten Stockwerk aufrecht stehen, stellten diese Bauten oder auch nur Räume in ihnen dem Gottesdienst der Gemeinden zur Verfügung. Dabei lief das Haus, das wie die Häuser in Ostia über oder neben dem Eingang eine Tafel mit dem Namen des Besitzers trug, unter diesem Namen weiter, auch wenn der Eigentümer es der Kirche vielleicht ganz überließ, so daß man es verändern, überbauen, ja abreißen und erneuern konnte, was nach dem Siege Konstantins und der Anerkennung der Kirche üblich wurde.

Solche auf privatem Grund stehenden Bauten waren wohl um die Mitte des dritten Jahrhunderts die einzigen Kirchen, mit denen man rechnen darf. Man nannte sie nach den Tafeln mit den Namen ihrer Besitzer, den Tituli, Titelkirchen und nennt sie zum Teil auch heute noch so, auch wenn von dem ursprünglichen Bau entweder überhaupt nichts mehr steht oder aber nur Mauerreste unter den Kirchen, die sich dann nach dem endgültigen Siege des Christentums über den ursprünglichen Profanbauten nun als Kirchen im eigentlichen Sinne, meist in der Gestalt einer Basilika erhoben. Diese Situation erschwert es bis auf wenige Ausnahmen, eine wirkliche Vorstellung von der Erscheinung einer solchen Titelkirche zu gewinnen, da zudem, wie schon um die Mitte des ersten Jahrhunderts in Troas in Kleinasien, etwa bei Geschäfts- und Lagerhäusern gerade die oberen, durch die Neubauten zerstörten Räume dem christlichen Kult gedient haben mögen.

Sind die ältesten sogenannten Titelkirchen Roms auch zunächst Profanbauten gewesen, ehe sie von der Gemeinde als Versammlungsraum benutzt wurden, so bekam ein solcher Bau unwillkürlich in der Vorstellung derer, die in ihm ihre Gottesdienste abhielten, einen besonderen Charakter. Vergeblich wehren sich die Kirchenlehrer im zweiten und dritten Jahrhundert dagegen, in diesen Häusern etwas anderes zu sehen als eben den Ort der Zusammenkunft, der sich von keinem anderen Bau unterscheide, wie es ja in dem Herrenwort heißt: »Wo zwei oder drei in meinem Namen versammelt sind, da bin ich mitten unter ihnen.« So polemisiert Klemens von Alexandria um 200 n. Chr. gegen diejenigen, die in dem christlichen Kultraum etwas wie ein Heiligtum erkennen wollten: »Ist es nicht gut und richtig, daß wir den Unfaßbaren nicht in einen Ort bannen und das allumfassende Wesen nicht in Heiligtümern von Menschenhand schließen wollen? Wie könnte überhaupt ein Werk der Baumeister, Steinmetzen und Handwerkskunst heilig sein? Stehen da nicht die höher, welche die Luft und ihren Umkreis oder vielmehr die ganze Welt und das All als der überragenden Größe Gottes allein würdig erachten.«

Daraus aber, daß schon im Laufe des dritten Jahrhunderts die Bauten, in denen die Christen sich zum Gottesdienst versammelten, als etwas im Grunde doch Heiliges angesehen wurden, erklärt es sich wohl auch, daß man später dann neue größere und eigentliche Kirchenbauten gerade über jenen ältesten, dem christlichen Kult dienenden Häusern errichtete, als diese nicht mehr den wachsenden Ansprüchen der Gemeinden genügten. Hinzu kommt natürlich, daß der Grund, auf dem diese Häuser standen, irgendwie wohl Eigentum der Gemeinden war.

Nimmt man an, daß zwischen 250 und 303, in dem halben Jahrhundert der Toleranz, das mit Kaiser Gallien beginnt, noch eine ganze Anzahl von Kirchen in Rom entstanden, möglicherweise auch bereits selbständige Bauten, denn zur Zeit der großen diokletianischen Verfolgung soll es in der Hauptstadt des Reiches mehr als vierzig Kirchen gegeben haben, so könnte man für die Mitte des dritten Jahrhunderts doch wohl mit etwa fünfundzwanzig bis dreißig Kirchen rechnen. Wenn es unter den fünfundzwanzig heute noch bekannten Titelkirchen achtzehn gibt, die vorkonstantinisch zu sein scheinen, so dürften in dem anderthalb Jahrtausend seitdem andere in Vergessenheit geraten sein; denn man kann kaum aus der oben mitgeteilten Zahl der Presbyter im Jahr 251 ohne weiteres auf die Zahl der Kirchen schließen. Zum mindesten dürften doch wohl auf jede Gemeinde zwei Presbyter kommen, so daß es in den sieben Regionen, in die Papst Fabianus kurz vor der Christenverfolgung des Decius das Gebiet von Rom aufgeteilt und sie offenbar in Anlehnung an die sieben Diakone, die unmittelbar nach dem Tode Christi erwählt wurden, sieben Diakonen und Subdiakonen unterstellt hatte, etwa einundzwanzig Kirchen gegeben hätte, drei auf den Wirkungsbereich eines Diakons. Auch die sieben mal sieben Akoluthen, die zur unmittelbaren Verfügung des Papstes standen, könnten in Beziehung zu den sieben durch Fabian eingerichteten Regionen der Stadt stehen. Rechnet man auf jede der Kirchen etwa zweitausend Gläubige, was wohl bei einigen Sprengeln zu hoch, bei anderen zu niedrig gegriffen sein dürfte, so hatte die stadtrömische Gemeinde in der Mitte des dritten Jahrhunderts in der Tat etwa fünfzigtausend Mitglieder; dabei sollte man allerdings nicht in den Irrtum verfallen, aus diesen Zahlen die Größe der Kirchen ermitteln zu wollen; denn es gab sicher im Rom des dritten Jahrhunderts keine Kirche, die tausend Gläubige faßte, wofür ein Raum von mindestens fünfundzwanzig Meter Breite und vierzig Meter Länge nötig gewesen wäre. Keine der stadtrömischen Kirchen dieser Zeit wird wohl die Größe der um 308 erbauten älteren Bischofskirche von Aquileia erreicht haben (Abb. 9, Tafel 15–19). Sie konnte, wenn an den Festtagen sich die Menschen in ihr drängten und dem Bischof und seinen Gehilfen noch Platz lassen mußten, etwa sechs- bis achthundert Menschen aufnehmen.

Abb. 1

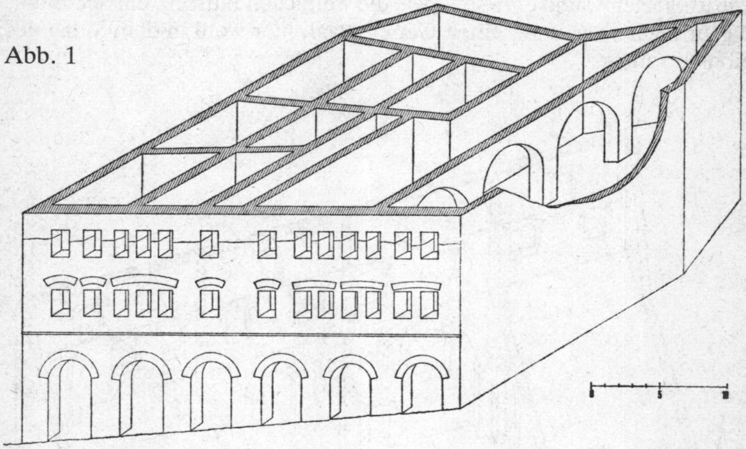

Im allgemeinen, wie etwa bei der Kirche San Clemente oder Santa Anastasia in Rom, erhebt sich der spätantike oder frühmittelalterliche Neubau über der ursprünglichen Titelkirche, die zum größten Teil dabei zerstört wurde, so daß man Entscheidendes über die Gestaltung des Vorgängerbaues nur schwer gewinnen kann. Ebensowenig ist es möglich, wirklich Verbindliches über jene Kirche zu sagen, die etwa um die Mitte des dritten Jahrhunderts in zwei römischen Geschäftshäusern aus dem zweiten und dritten Jahrhundert eingerichtet wurde, auf deren Resten sich dann am Clivus Scauri die Kirche S. Giovanni e Paolo erhob (Tafel 8, Abb. 1). Während das westliche der beiden Häuser über einem Untergeschoß mit drei Arkaden verschieden große Zimmer besaß, die möglicherweise die Wohnung der Priester und Räume für die Verwaltung bildeten, scheint das östliche von ihnen in den eigentlichen Kirchensaal umgewandelt worden zu sein, den man durch Herausbrechen von älteren Mauern und Böden gewann. Denn daß man schon damals neben den eigentlichen Versammlungssälen für die Gemeinde auch andere Räume benötigte, ist sicher, auch wenn diese gewiß nicht so anspruchsvoll waren, wie jene, die der Bischof von Antiochia, Paulus von Samosata besaß. Aus einem von Eusebius überlieferten Brief an den Papst Dionysius und an den Bischof Maximus von Alexandria, den im Jahre 265 zahlreiche Bischöfe schrieben, um Klage über das Verhalten des Paulus zu erheben, der sich lieber Ducenarius, Procurator nennen ließe als Bischof, heißt es: »So ließ er sich ein Tribunal und einen hohen Thron errichten, nicht wie es einem Jünger Christi geziemt, und er besitzt, wie die weltlichen Fürsten, ein Secretum, das er auch so nennt«, einen Gerichtssaal, hier wohl in dem Sinne des Konsistoriums.

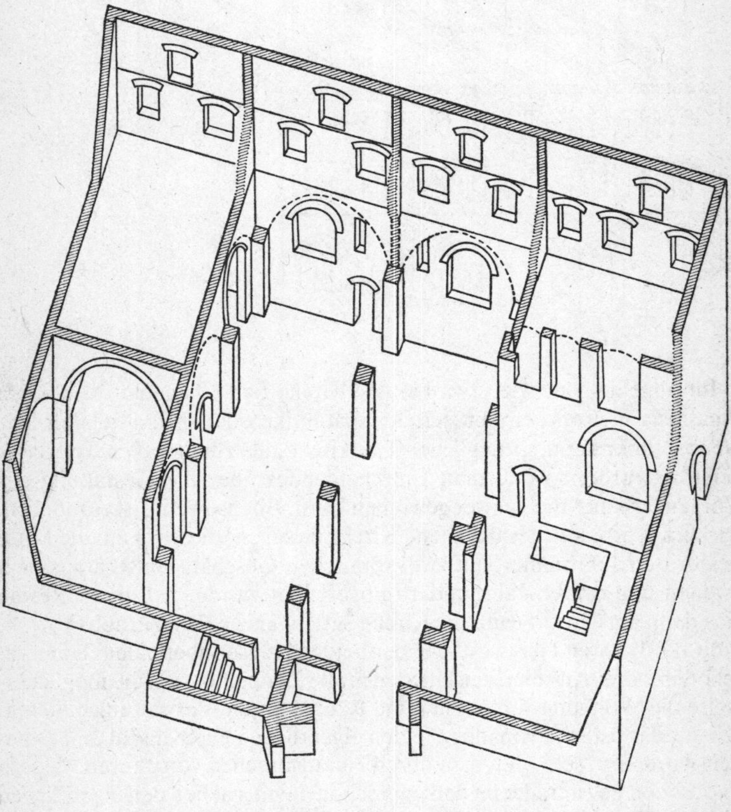

Abb. 2

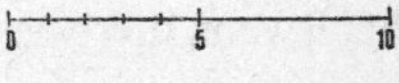

Während San Clemente und Santa Anastasia in Rom durch ihre Nachfolgebauten weitgehend zerstört sind, gibt es auch vereinzelte Fälle, die dadurch günstiger sind, daß der Neubau nicht den Platz der aus einem ursprünglichen Profanbau entstandenen Titelkirche einnahm, sondern neben diese gesetzt wurde.

Abb. 3

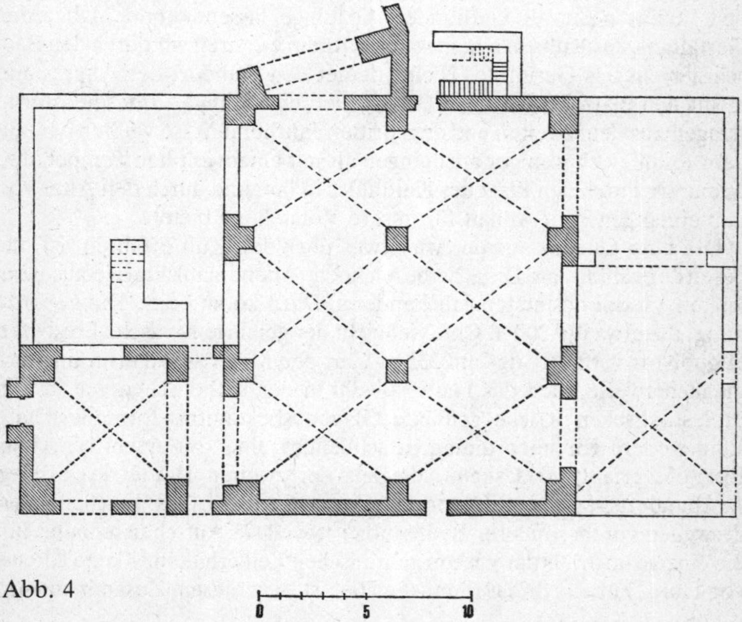

Abb. 4

Dies schien bei dem zu Beginn des dritten Jahrhunderts erbauten Titulus Equitii der Fall zu sein; denn der Nachfolgebau dieser altrömischen Gemeindekirche, die Basilika San Martino ai Monti steht nicht auf den Mauern eines alten Baues, sondern westlich von ihm, wenn sie wirklich Reste der alten Titelkirche sind (Abb. 2–4). Dieser Bau bietet, außer daß sich in seinem Erdgeschoß eine ziemlich geräumige zweischiffige Pfeilerhalle befand, keinen anderen Anhaltspunkt dafür, daß es sich um eine Kirche handelt, als daß der Titulus Equitii mit eben dieser Stätte verbunden ist. Stünde der Bau in Ostia, so würde man ihn eher für ein Lagerhaus halten.

Auch der zweischiffige Saal mit seinen sechs Kreuzgewölben neben San Martino ai Monti könnte, bevor das Gebäude der Gemeinde zum Gottesdienst überlassen wurde, als Markt- oder Lagerhalle gedient haben. Angenommen jedoch, daß es sich bei dem Bauwerk in der Tat um den Titulus Equitii handelt, was nicht mit völliger Sicherheit behauptet werden kann, dann käme als eigentlicher Kirchenraum nur jene durch Pfeiler in zwei Schiffe geteilte Halle von 17,50 Meter Länge und 13,50 Meter Breite in Frage (Abb. 4); es wäre ein Raum, der, wenn nicht die anschließenden Räume, die zum Teil mit der Halle durch weite Bogenöffnungen verbunden waren, ebenfalls für den Gottesdienst benutzt wurden, kaum mehr als vierhundert Gläubige fassen konnte. Über die Gestaltung des Kults in einem solchen Raum erfahren wir durch den Bau selbst nicht das Geringste. Nichts deutet den Standort des Altares an, nichts den Platz des Priesters. Besäßen wir nicht einige Gottesdienstordnungen aus dem zweiten und dem dritten Jahrhundert, so wüßten wir mit dem Raum noch weniger anzufangen als mit einem antiken Tempel, der immerhin durch den Platz des Kultbildes in ihm und durch den Altar vor ihm einen gewissen Anhalt für unsere Vorstellung bietet.

Die eine Quelle, aus der wir etwas über den Kult erfahren, ist die bereits erwähnte, als Didache bezeichnete Abendmahlsliturgie aus dem letzten Viertel des ersten Jahrhunderts. Dazu kommt eine Kirchenordnung, die etwa um 200 n. Chr. vielleicht der gelehrte römische Presbyter Hippolytos verfaßte, der um 235 n. Chr. den Märtyrertod erlitt und der möglicherweise auch das heute sowohl in der katholischen wie in der protestantischen Kirche geltende Glaubensbekenntnis formuliert hat. Eine weitere Kirchenordnung ist schließlich eine von einem syrischen Bischof verfaßte Didaskalie, die aus der zweiten Hälfte des dritten Jahrhunderts stammt und die für die Geschichte des frühen Kirchenbaues deswegen von besonderer Bedeutung ist, weil sie Aufschlüsse bietet für die einzige noch aus der vorkonstantinischen Zeit erhaltene kleine Kirche von Dura. Für alle drei Ordnungen aber ist es in diesem Zusammenhang wichtig, daß sie vor der Anerkennung der christlichen Kirche durch Konstantin aufgezeichnet wurden und Gültigkeit besaßen und daß sie wenn auch spärliche Hinweise auf die Kirchenbauten enthalten, in denen die Gottesdienste stattfanden.

Im Mittelpunkt des christlichen Kultes steht, was dem Protestanten nicht immer bewußt ist, nicht der Wortgottesdienst, die Schriftauslegung, sondern wie auch heute noch in der katholischen Kirche das Sakrament der Kommunion. So war es in der Urkirche, und so ist es geblieben, nur daß etwa um die Mitte des zweiten Jahrhunderts das Abendmahl sich äußerlich wandelte.

Nach der Kirchenordnung der Didache aus dem Ende des ersten Jahrhunderts ist das Brechen des Brotes und das Trinken des Kelches noch mit dem gemeinsamen, am Abend stattfindenden Mahle verbunden, an dem nur die Getauften teilnehmen. Mit dem »Hosiannah dem Sohne Davids« antworten die Versammelten dem Liturgen, der, nachdem er Kelch und Brot mit kurzem Gebet gesegnet hat, ruft: »Es komme die Gnade« – oder auch nach einem anderen Text: »Es komme der Herr – und es vergehe diese Welt.« Dann fordert der Liturg die Teilnehmer, soweit sie sich ohne Sünde fühlen, zur Kommunion auf mit dem Worte »Maranatha«, was heißt: »Der Herr komme« oder »er ist gekommen«. Wer im Unfrieden mit seinem Nachbarn lebt, versöhnt sich, ehe er von dem Brote nimmt und aus dem ihm gereichten Kelch trinkt. Nach dem dann folgenden gemeinsamen Mahle spricht der Liturg ein Dankgebet sowohl für die Speise wie für das durch Christi Tod erkaufte ewige Leben.

In dieser Form wird man sich das Abendmahl etwa in jenen Häusern Pompejis oder Herculaneums vorstellen dürfen, von denen wir wohl niemals wissen werden, wenn sich nicht zufällig einmal ein Zeichen auf einer ihrer Mauern finden sollte, ob es das eines Christen war oder nicht. Es müssen ja ganz kleine Gemeinschaften gewesen sein, da die noch nicht Eingeweihten, aber sich auf die Taufe Vorbereitenden, die Katechumenen, zu diesem Mahl nicht zugelassen waren. Der Raum, in dem dieses Mahl zur Abendstunde stattfand, diente zu anderen Zeiten des Tages gewiß anderen Zwecken.

Um die Mitte des zweiten Jahrhunderts, zuerst faßbar bei dem Apologeten Justinus in Rom, vollzieht sich dann der entscheidende Wandel, der kurz darauf in der Gottesdienstordnung des Hippolytos seinen Niederschlag findet. Die Kommunion wird von dem abendlichen Mahl der Gemeinden getrennt und auf den Vormittag verlegt, auch wenn man in einigen Gebieten an der alten Verbindung von abendlichem Mahl und Eucharistie in der Nacht von Gründonnerstag auf Karfreitag feierte.

Man verzichtete damit nicht auf die frühere Abendfeier; nur erhielt diese jetzt einen anderen Charakter. Sie, die sogenannte Agape, ist eine Art von kirchlicher Geselligkeit, bei der das gemeinsame Mahl durch Lesung von Bibeltexten, Psalmengesang und auch Gespräch unterbrochen wird. Speise und Trank, die ein Kleriker segnet, werden von den Gemeindemitgliedern so reichlich mitgebracht, daß auch die Armen und Bedürftigen gespeist werden können. Denjenigen, die Krankheit am Kommen hindert, werden die Dinge durch die Diakone ins Haus gebracht.

Daß die Agape, das abendliche Liebesmahl, um die Wende vom zweiten zum dritten Jahrhundert im allgemeinen von dem eucharistischen Gottesdienst getrennt war, lehrt die um 200 entstandene Verteidigungsschrift Tertullians, des Bischofs von Karthago. In ihr heißt es von der Agape, die nach Tertullian zu Ostern die ganze Nacht dauert:

»Nachdem man die Hände gewaschen und die Lichter angezündet hat, wird ein jeder dazu aufgefordert, in die Mitte zu treten und Gott zu preisen, ein jeder nach seinem Vermögen – entweder mit Worten aus der Heiligen Schrift oder nach seinem eigenen Impuls. In gleicher Weise beendet auch das Gebet das Mahl (das Tertullian zuvor dilectio genannt hat, das lateinische Wort für den griechischen Begriff der Agape). Darauf trennt man sich in aller Bescheidenheit und allem Anstand wie Leute, die nicht an einem Mahl, sondern an einer Unterweisung teilgenommen haben.«

Nichts sagt Tertullian in diesem Zusammenhang vom Brechen des Brotes und Trinken des Weines, dem eucharistischen Geschehen. Er spricht unmißverständlich von einem Mahl, wenn er vorher schreibt: »Man legt sich nicht zu Tische, ehe man nicht am Gebete teilgenommen hat. Man ißt nur soviel, als genügt den Hunger zu stillen, trinkt nur soviel, als es geziemt und bekommt. Sie sättigen sich so weit, daß sie sich bewußt bleiben, daß sie auch während der Nacht Gott anbeten sollen. Sie reden miteinander so wie Menschen, die wissen, daß Gott sie hört.«

Vielleicht wurden Agape und Eucharistie, vor allem in den großen Städten, schon sehr bald voneinander getrennt. Denn in der Verteidigungsschrift des Justin, die kurz vor 140 geschrieben wurde, heißt es:

»An dem sogenannten Sonntag findet eine gemeinsame Feier aller statt, die rings in den Städten oder auf dem Lande wohnen. Man liest so lange wie möglich aus den Denkwürdigkeiten der Apostel oder den Schriften der Propheten vor. Wenn dann der Vorleser aufgehört hat, hält der Vorsteher eine Predigt, in der er dazu ermahnt und auffordert, all diesem Guten nachzueifern. Darauf erheben wir uns alle miteinander und senden Gebete empor. Wenn wir mit dem Gebete zu Ende sind, wird Brot und Wein und Wasser herbeigetragen. Der Vorsteher spricht ebenfalls Gebete und Danksagungen mit all der Kraft, die in ihm ist, und die Gemeinde stimmt jeweils ein, indem sie Amen sagt. Darauf findet die Verteilung statt. Jeder empfängt von dem Geweihten. Den Abwesenden aber wird das Ihrige durch die Diakone überbracht.«

In diesem Bericht fehlt jede Erwähnung eines gemeinsamen Mahles von der Art der Agape, was man kaum damit erklären kann, daß gemeinsame Kultmahle generell verboten worden waren; denn wenn Justins Verteidigungsschrift ernst genommen werden und ihren Zweck erreichen sollte, dann konnte er ohne schwerwiegende Folgen für diejenigen, für die er sich einsetzt, im Zusammenhang mit seiner Darstellung der Eucharistie das Liebesmahl nicht einfach übergehen und so tun, als ob es dieses überhaupt nicht gäbe. Für Justin ist vielmehr die Eucharistie das eigentliche kultische Geschehen, das er verteidigt, nicht die Agape.

Das eucharistische Opfermahl wird im allgemeinen mit dem sonntäglichen Vormittagsgottesdienst verbunden, der mit Lesungen aus dem Neuen und Alten Testament und einer Predigt beginnt, wie solche Lesungen und Auslegungen des Alten Testaments schon in der jüdischen Synagoge üblich waren. An diesem ersten Teil des Gottesdienstes konnten auch Nichtchristen teilnehmen. Dann wurden die Ungläubigen und Katechumenen entlassen und es begann die eigentliche Eucharistie, bei der die Teilnehmenden standen. Nach einem allgemeinen Gebet und dem Friedenskuß werden dem Priester das Brot und der Becher mit dem mit Wasser gemischten Wein gebracht, über denen er das Gebet spricht, das dem Brechen des Brotes und dem Spenden des Tranks vorausgeht. Dieses feierliche Gebet ist der entscheidende Akt der Kommunion. Es ist eine Danksagung – denn das ist der Sinn des griechischen Wortes Eucharistie.

Von diesem Gebet heißt es in der Gottesdienstordnung des Hippolytos:

Der Bischof:	»Der Herr sei mit euch!«
Die Gemeinde:	»Und mit deinem Geiste!«
Der Bischof:	»Die Herzen empor!«
Die Gemeinde:	»Wir haben sie beim Herrn.«
Der Bischof:	»Laßt uns dem Herrn danken!«
Die Gemeinde:	»Würdig ist es und recht.«
Der Bischof:	»Wir danken Dir Gott durch Deinen geliebten Knecht Jesus Christus, den Du in den letzten Zeiten gesandt hast uns zum Heiland und Erlöser und Boten Deines Entschlusses, den von Dir ausgehenden Logos, durch den Du alles geschaffen hast, den Du

geruht hast vom Himmel zu entsenden in den Schoß der Jungfrau, und in ihrem Leibe wurde er Fleisch und als Dein Sohn erwiesen, aus dem Heiligen Geiste und der Jungfrau geboren. Deinen Willen zu erfüllen und Dir ein heiliges Volk zu bereiten, breitete er seine Hände aus, da er litt, auf daß er vom Leiden erlöse, die an Dich Glauben gewonnen haben. Und als er sich überlieferte dem freiwilligen Leiden, um den Tod zu lösen und die Bande des Teufels zu zerreißen und die Hölle zu zertreten und die Gerechten zu erleuchten und den Grenzstein aufzurichten und die Auferstehung zu offenbaren, nahm er ein Brot, dankte und sprach: ›Nehmet, esset, dies ist mein Leib, der für euch gebrochen wird.‹ Ebenso auch den Becher und sagte: ›Dies ist mein Blut, das für euch vergossen wird. So oft Ihr dies tut, begeht Ihr mein Gedächtnis.‹

Indem wir also gedenken seines Todes und seiner Auferstehung, bringen wir Dir das Brot und den Becher dar und danken Dir, daß Du uns würdig geachtet hast, vor Dir zu stehen und Dir Priesterdienst zu leisten.

Und wir bitten Dich, daß Du herabsendest Deinen Heiligen Geist auf das Opfer der Gemeinde. Vereinige sie und gib allen Heiligen, die davon genießen, zur Erfüllung mit Heiligem Geist, zur Stärkung des Glaubens in der Wahrheit, damit wir Dich loben und preisen durch Deinen Knecht Jesus Christus, durch den Dir sei Preis und Ehre in Deiner heiligen Gemeinde, jetzt und in alle Ewigkeit.«

Nach diesem großen Dankgebet nehmen die Teilnehmer Brot und Wein im Gedenken an Jesus Christus, den Gekreuzigten, und im Glauben an die leibhaftige Verwandlung zu sich. Um diese gottesdienstliche Mitte versammelt muß man sich den kultischen Vorgang in einem Saale, wie dem, dessen Reste neben San Martino ai Monti in Rom aufgedeckt wurden, vorstellen. Als einziger Kultgegenstand genügte ein einfacher Tisch, auf ihm das Brot und der Becher mit dem Wein. – Diese »Genügsamkeit«, das ganz auf den sakramentalen Gehalt sich Richtende, von allem anderen Absehende macht es uns fast unmöglich, die Kirche als solche aber auch die Ordnung in ihr zu erkennen.

Männer und Frauen standen dabei offenbar voneinander getrennt, nicht wie in der Ostkirche hintereinander, sondern in zwei Gruppen nebeneinander, ohne daß man mit Bestimmtheit sagen kann, wer zur Rechten und wer zur Linken stand, obwohl auch dafür allerdings unklar lautende Anweisungen vorhanden sind. Will man sich nicht nach diesen sich widersprechenden oder auch nicht mehr richtig zu deutenden Äußerungen richten, so ist man auf das archäologische Material angewiesen, das allerdings sehr viel später ist. Wie über den Arkaden und unter den Fenstern in der Basilika von San Apollinare Nuovo in Ravenna aus dem fünften Jahrhundert auf der Südwand die Märtyrer von dem Bilde der Stadt Ravenna am Portal im Westen gegen die Apsis im Osten zu Christus ziehen, so gingen darunter wohl die männlichen Teilnehmer zu der Kommunion. Die Frauen hingegen schritten unter dem Zuge der Jungfrauen von dem Bilde des Hafens Classis zu Maria mit dem Kind auf der Nordseite des Kirchenschiffs. Auch heute noch haben in der katholischen Kirche die Männer im allgemeinen, vor allem in dörflichen Gemeinden, ihren Platz auf der rechten, die Frauen auf der linken Seite.

Ähnlich war es nach dem Gedicht des Paulinus von Nola für die wahrscheinlich am 14. Januar 403 neu geweihte Basilika des heiligen Felix, die er hatte ausbessern und mit Bildern schmücken lassen; in ihm heißt es in der Beschreibung der Bilder auf den Hochwänden über den Arkaden zur Rechten und zur Linken:

»Und die Doppelhallen, die offen stehen zur Rechten und zur Linken,
schmückt mit Geschichten je zwei die gläubige Bildkunst.
Heiliger Männer heilige Taten füllen die eine aus,
Hiob durch Wunden geprüft, und Tobias, der des Augenlichts Beraubte.
Und die andere ziert das geringere Geschlecht, die ruhmreiche Judith,
Und mit ihr ist dort Esther gemalt, die mächtige Königin.«

Anders als die für den Westen zu vermutende Platzordnung war es nach der erwähnten syrischen Didaskalia aus der zweiten Hälfte des dritten Jahrhunderts offenbar im Osten. Diese Schrift ist die ausführlichste unter den Anweisungen, allerdings auch die schlichteste; daher gibt sie mehr als die anderen Auskunft über rein »äußerliche Dinge«, wie etwa die Sitzordnung in der Kirche, das Verhältnis von Episkopos, Presbyter, Diakon, Laien und Katechumenen.

Niedergeschrieben wurde sie etwa um die gleiche Zeit, in der in Dura am Westufer des Euphrats der bisher früheste erhaltene Bau der Kirchengeschichte entstand.

DIE HAUSKIRCHE VON DURA

Um die Mitte des zweiten Jahrhunderts n. Chr. hatten die Parther versucht, ihre Herrschaft über Armenien auszudehnen. Nach vierjährigem Krieg war es schließlich den Römern gelungen, den Euphrat als Grenze des Imperiums zu sichern. Im Jahre 167 wurde an das Westufer des Flusses nach Dura, einer schon um 300 v. Chr. von den Makedonen ausgebauten Festung, zur Sicherung dieser Grenze eine römische Garnison gelegt. Es war ein Umschlagplatz, an dem sich die verschiedenen Karawanenstraßen vereinigten, um hier den Fluß zu überqueren, und wo sich naturgemäß im Laufe der Zeit, während der es römische Festung war, mit all den Bedürfnissen einer solchen, auch zahlreiche Händler niedergelassen hatten. Unter Kaiser Septimius Severus gelang es den Römern sogar, im Jahre 198 n. Chr. auch das Gebiet zwischen Euphrat und Tigris in die Hand zu bekommen; es sind die Kämpfe, die an dem Bogen für den Kaiser am Forum Romanum in eingehend schildernden Reliefs dargestellt sind. Doch nur für wenig mehr als drei Jahrzehnte war Mesopotamien mit der Hauptstadt Nisibis fest in römischem Besitz. Nach einem zehnjährigen Krieg standen an Stelle der Parther vielmehr die Perser am Ostufer des Euphrats, bereit, bei der ersten sich bietenden Gelegenheit nach Westen vorzustoßen. Aus dem Etappenort Dura war plötzlich eine exponierte Grenzfestung geworden.

Im Jahre 256 entschloß sich der greise Kaiser Valerian, dem Ansturm der Perser auf die Ostgrenze des Römischen Reiches durch einen Angriff zuvorzukommen, der sich wohl wesentlich auf Dura stützen sollte. Man begann Truppen zu konzentrieren und Dura in den Verteidigungszustand zu versetzen; auf der Innenseite gegen die dreieinhalb Meter starke Westmauer, deren Tore man bis auf wenige mit Lehmziegeln zustellte, errichtete man eine Böschung aus Lehmziegeln, um sie, wie bei den altitalischen Befestigungen mit dem Erdwall hinter der Feldmauer gegen die Stöße feindlicher Rammböcke vor dem Einsturz zu schützen. Die fünf Meter breite Gasse hinter der Mauer, die von der Bebauung bis dahin freigelassen war, genügte nicht für den an seiner Sohle etwa fünfzehn Meter tiefen Damm. Man war daher gezwungen, Teile der Häuser, die an dieser Mauergasse lagen, in die Verstärkung mit einzubeziehen. Man tat das zunächst mit einer gewissen Vorsicht, ohne die Mauern, Türen, Decken und auch die Malereien auf dem Wandverputz zu beschädigen, indem man die an der Mauergasse liegenden Räume ebenfalls mit Lehmziegeln auffüllte; denn natürlich konnte man diese Räume nicht etwa in der Böschung als Höhlungen aussparen. Die Bewohner werden wohl sowieso, als sie den Krieg kommen sahen, die Stadt verlassen und sich westwärts in Sicherheit gebracht haben. Aber die Hintermauerung schien im Blick auf die sich jenseits des Flusses massierende persische Streitmacht doch noch nicht stark genug. Man verstärkte daher die erste Böschung noch um weitere drei Meter, jetzt ohne Rücksicht auf die in der Hintermauerung steckenden Häuser. Zum Teil dienten als Material für die zweite Verstärkung die Überreste der Bauten, die nun, soweit sie nicht in der zweiten Verstärkung steckten, abgerissen wurden, um hinter der Böschung Platz zu gewinnen, auf dem man Truppen versammeln konnte. Die späteste in dieser Verstärkung gefundene Münze stammt aus dem Jahre 256.

Dank der Verwendung von Lehmziegeln konnte die Böschung mit einem Winkel von 60° angelegt werden; so blieben große Teile der Häuser, auch wenn die nachträgliche Verstärkung, da sie nicht in die zuerst errichtete Böschung einband, später bei Regenfällen ins Gleiten kam unf die aus der ersten Böschung herausragenden Hausmauern verschob, bis auf unsere Tage erhalten; denn trotz aller Vorsichtsmaßnahmen ging Dura, nachdem die Perser den Kaiser Valerian im Jahre 260 gefangengenommen hatten und nun über den Fluß nach Westen vorstießen, wie es scheint, ziemlich kampflos den Römern für immer verloren.

Ähnlich wie in dem Niederschlag des Aschenregens die Häuser von Pompeji nach dem Erdbeben des Jahres 79 erhalten blieben, soweit sie nicht aus der Verschüttung herausragten, und ähnlich wie bei Herculaneum die Schlammassen, die hier steiler vom Vesuv kamen, die Mauern aus dem Lot brachten, so war es auch in Dura, als die Amerikaner im Frühjahr 1928 dort zu graben begannen. Während von den Gebäuden im Zentrum der Stadt mehr oder weniger nur noch die Grundrisse zu erkennen sind, haben die in den Lehmziegelverstärkungen hinter der Festungsmauer liegenden Häuser sich zum Teil bis über 7 m Höhe erhalten, am höchsten natürlich in den Teilen, die der Mauer am nächsten liegen.

Da die im Grundriß annähernd quadratischen Häuser, deren Räume sich um einen ebenfalls annähernd quadratischen Hof lagern, im allgemeinen ein Seitenverhältnis von zwanzig Metern haben, ist bei der Tiefe der Böschung von etwa achtzehn Metern ungefähr ein Viertel eines hier an der Straße liegenden Hauses in dem Maße zerstört wie die Häuser im Inneren der Stadt; das heißt, es ist von diesem Teil im allgemeinen nur noch der Grundriß erhalten. In unmittelbarer Nähe der Mauergasse hingegen bestünde die Möglichkeit, daß eine Hauswand noch eine Höhe von dreizehn Metern hätte. Daß dies nirgends der Fall ist, hängt damit zusammen, daß die Häuser durchweg nur einstöckig waren mit Räumen

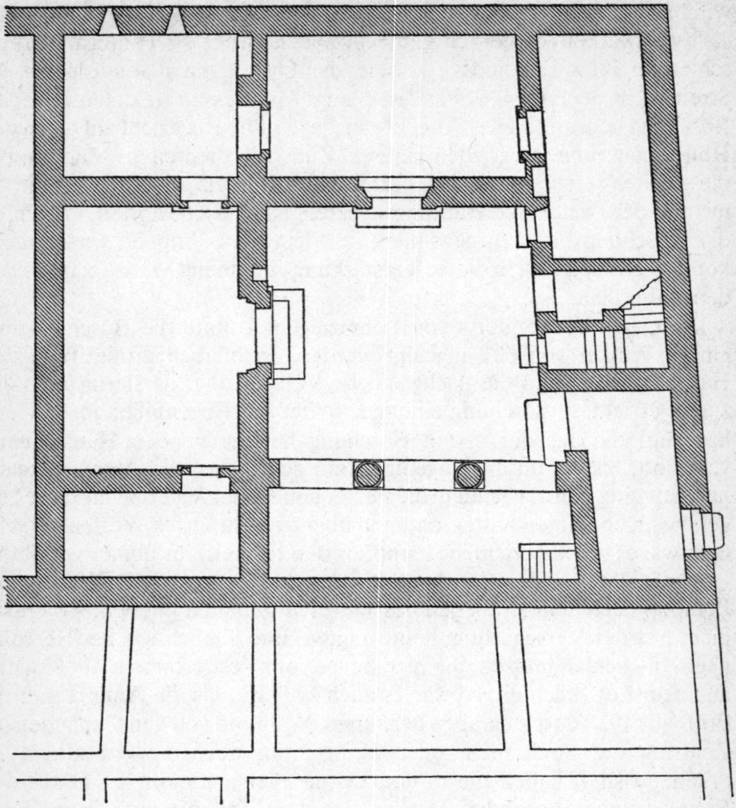

Abb. 5

von etwa vier Meter Höhe. Auch wenn Treppen festzustellen sind, so führten sie im allgemeinen nicht in höher gelegene Räume, sondern auf die flachen Dachterrassen.

Hinter der westlichen Stadtmauer, in dem nicht ganz rechten Winkel, den die Mauergasse und eine Straße, die aus dem Innern der Stadt auf eines der zugestellten Nebentore führt, liegt eines dieser für Dura charakteristischen Häuser (Abb. 5–7). Es wirkt in seinen Ausmaßen etwas vornehmer, als andere Häuser des Ortes. Der Hof ist etwas größer; der Hauptwohnraum, der auf seiner Südseite gelegene Diwan, ein

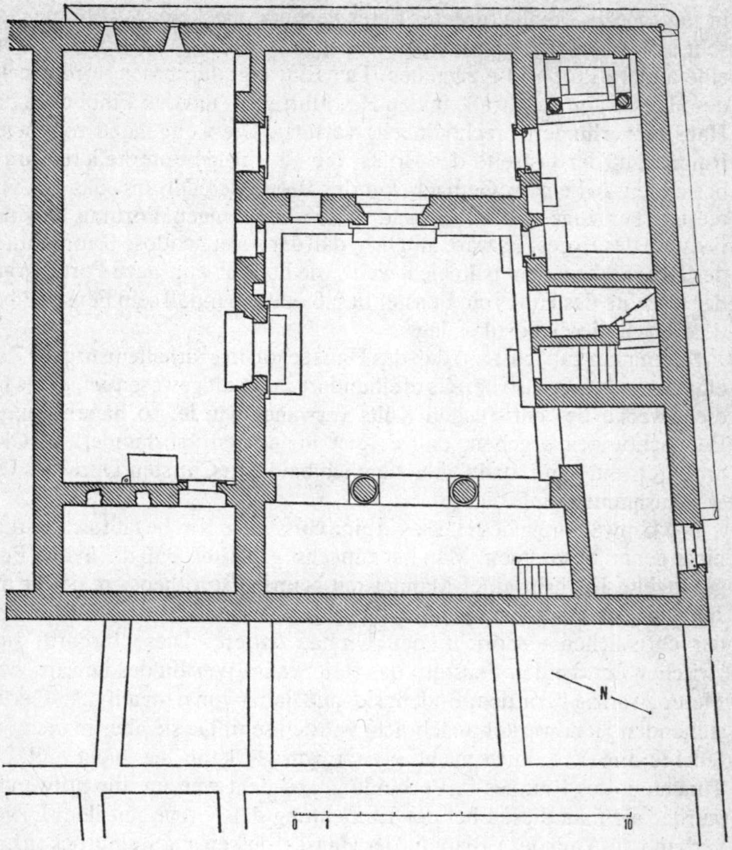

Abb. 6

ähnlicher etwas kleinerer Raum als dieser auf seiner Westseite, der als Frauengemach diente, und ein fast quadratischer als Magazin anzusehender Raum in dem Winkel zwischen diesem und dem Diwan, haben, obwohl sie um zwei bis drei Stufen höher liegen als der Hof, eine Höhe von fast fünfeinhalb Metern. Aber auch die Decke des Raumes auf der Nordseite des Hofes, der mit dem Frauengemach durch eine Tür verbunden war, hatte die gleiche Höhe. Neben ihm befindet sich eine linksläufige Treppe, über die man auf das flache Dach des Hauses gelangte. Erst als dieser Raum in das Baptisterium verwandelt wurde (Tafel 7), zog man in ihn eine zweieinhalb Meter tiefer liegende Decke ein, wohl nicht so sehr um ein Obergeschoß zu gewinnen, sondern eher um dem Taufraum eine andere Proportion zu geben. Der Eingang, der in der Nordostecke des Hauses von der Straße in den Hof führte, ist, um den Einblick in das Haus zu verhindern, rechtwinkelig versetzt. Die weitgehend zerstörten Räume auf der Ostseite des Hofes, die als einzige unterkellert waren, bestanden aus einem Gemach von der Breite des Diwans, das nur von diesem her zugänglich war, und einer dreijochigen Portikus auf der Ostseite des Hofes. Es wäre möglich, daß der sonst lichtlose Raum östlich des Diwans, von dem man nicht weiß, wie hoch er war, nach Portikus auf der Ostseite des Hofes ein Fenster besaß oder aber daß sein Fenster über dem Dach dieser Portikus lag.

Nahm man zunächst an, daß das Haus schon in späthellenistischer Zeit entstanden wäre, also bereits dreihundert Jahre alt gewesen sei, als es für die Zwecke des christlichen Kults verwandt wurde, so haben neuere Beobachtungen ergeben, daß es erst im dritten Jahrhundert n. Chr. errichtet sein kann, dann aber ziemlich bald den Christen Duras als Ort der Zusammenkunft diente.

Die Umwandlung des Hauses in eine christliche Kirche läßt sich zeitlich nicht genau bestimmen. Man hat zunächst geglaubt, daß die in den Putz gekritzelte Inschrift eines Mannes mit Namen Dorotheos, zu der er das Jahr der seleukidischen Zeitrechnung gesetzt hat, das dem Jahre 232/3 der christlichen entspricht, den Umbau datiere. Diese Inschrift sitzt zwischen den beiden Fenstern des Raumes im Westen des Diwans zwei Meter zwanzig über dem Boden; sie muß daher von dem auf dem Gerüst stehenden Handwerker angebracht worden sein. Da sie aber in die noch feuchte unterste Putzschicht geritzt wurde, kann sie nicht mit der Tünchung des Raumes in Verbindung gebracht werden, die notwendig wurde, als man diesen bei der Einrichtung der Kirche mit dem Diwan verband, also mit der Erbauung des Hauses, dessen aus Steinbrocken und Lehm errichtete Mauern natürlich verputzt und dann geweißt wurden. Der nach der Vereinigung des Eckraumes mit dem Diwan östlich von ihm und der Beseitigung der die beiden Gemächer trennenden Mauern notwendig werdende Putz hat die Inschrift verdeckt, ist dann aber im Laufe der Zeit abgeblättert, so daß sie wieder sichtbar wurde.

Man hat den Eindruck, als sei man mit dem Umbau des Hauses in eine Kirche eben erst fertig geworden, als der Befehl kam, die Stadtmauer durch die Böschung zu verstärken, ohne deren Vorhandensein man wahrscheinlich niemals erkannt hätte, daß dieses Haus überhaupt für den christlichen Kult verwendet worden ist.

Beendet waren der Umbau und die Ausstattung im Gemach in der

Nordwestecke des Hauses, das man als Taufraum einrichtete, indem man die Decke, wie erwähnt, tiefer legte (Tafel 7, Abb. 6). Nachdem man die Wände übertüncht hatte, baute man gegen seine Westseite eine rechtekkige Wanne mit einer zwei Fuß hohen Brüstung, über die man über eine Stufe im Innern der Wanne noch tiefer in diese hinabsteigen konnte. Die Wanne ist von einer mit Sternen bemalten Halbtonne überwölbt, die auf zwei aufgemauerten Säulen und ihnen entsprechenden flachen Wandpilastern ruht. Und ebenso war die flache Decke des Raumes mit Sternen bemalt, die auf dunkelblauem Grunde standen. Das Fragment einer hellen von einem dunklen Kreis umschlossenen Mondscheibe, das man auf dem Boden des Raumes liegend fand, deutet die mit Sternen besäte Decke als den sich über den Raum spannenden Nachthimmel. Die von der Halbtonne umschlossene Lünette hinter der Wanne schmückt das Bild des guten Hirten mit seiner Herde und dazu winzig zwischen drei Bäumen Adam und Eva, eine Szene, die nachträglich auf das Feld mit dem guten Hirten gemalt wurde. Die Wände des Raumes dagegen trugen in zwei Zonen Bilder, die wohl die Verbindung zur Taufe, der dieser Raum diente, verstanden sein wollen; doch selbst dem mit der christlichen Bildkunst wie den weit verstreuten und zum Teil auch wesentlich späteren Texten vertrauten Forscher fällt es nicht ganz leicht, diese Beziehungen glaubhaft zu machen.

Verständlich ist es, daß an der vornehmsten Stelle der gute Hirte erscheint; in einer syrischen Taufliturgie, dem Codex Vaticanus 31, die allerdings später ist als die Kirche von Dura, heißt es: »Es wird getauft (der Mensch), auf daß er ein Lamm sei in der Herde Christi im Namen des Vaters, des Sohnes und des lebendigen und Heiligen Geistes, zum Leben in alle Ewigkeit.« Dabei ist der Hirte im Bilde wohl nicht Christus selbst, sondern eher etwas wie der Hinweis auf ihn. Welche Bedeutung in diesem Zusammenhang das erste Menschenpaar hat, ist schon problematisch; es könnte wie in dem Brief des Paulus an die Römer (5) den Sündenfall meinen, durch den alle Menschheit dem Tode verfallen sei, von dem Christus aber durch seinen Tod den auf ihn Getauften erlöst habe; auch die Szene auf der Nordwand des Raumes könnte vom Römerbrief (6) her verstanden werden. Hier ist unmittelbar neben der Taufwanne als ein mächtiger Sarkophag das Grab Christi dargestellt, an dessen Enden zwei große Sterne erstrahlen. Ihm nahen sich die Frauen mit den Spezereien in der Frühe, bevor der Ostertag anbricht, Kerzen in den Händen haltend. Bei Paulus heißt es: »Es wird in der Taufe der alte Mensch mit Christus begraben, auf daß er mit ihm auferstehe.« Dieser Gedanke scheint in den Bildern des Taufraumes ausgesponnen zu sein. Die Taufe selbst ist der Tod; daher befindet sich unmittelbar neben der Wanne das Grab; die

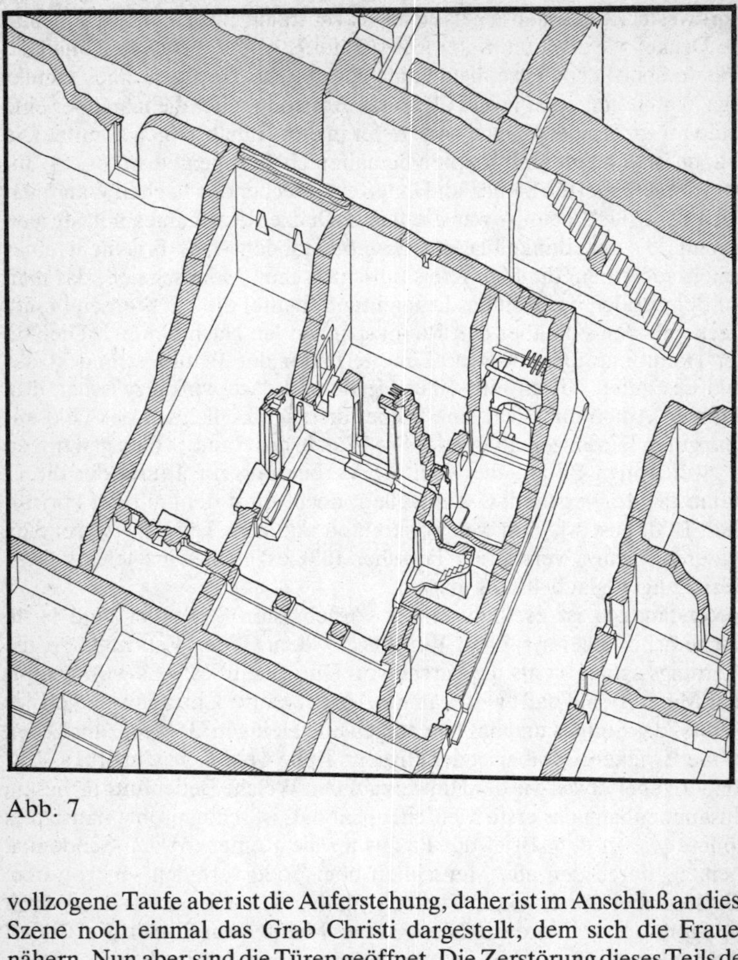

Abb. 7

vollzogene Taufe aber ist die Auferstehung, daher ist im Anschluß an diese Szene noch einmal das Grab Christi dargestellt, dem sich die Frauen nähern. Nun aber sind die Türen geöffnet. Die Zerstörung dieses Teils der Malereien ist allerdings so stark, daß manches unklar bleiben muß. Wenn auf der anderen Seite des Raumes unmittelbar neben dem Taufbecken eine Frau aus einem Brunnen Wasser schöpft, so ist es vielleicht nicht Rebecca, sondern die Samariterin am Jacobsbrunnen, zu der Christus nach Johannes (4, 14) die Worte vom Wasser des ewigen Lebens sprach.

Schwieriger ist es die Szene zu deuten, die zwischen den beiden Türen auf der Südseite des Raumes sich unter einer Nische befindet, deren

Verwendung nicht ganz eindeutig ist. Hier ist, allerdings kaum noch zu erkennen, David dargestellt, der den Riesen Goliath niedergestreckt hat. Man könnte in David den alttestamentarischen Vorläufer Christi erkennen – aber vielleicht auch eine Beziehung des von Samuel zum König über Israel Gesalbten zu der dem Taufakt vorausgehenden Ölung des Täuflings mit dem geweihten Öl, das möglicherweise in der Nische über dem Bilde aufbewahrt wurde. Die beiden Szenen über dem Zug der Frauen zum Grabe neben der Wanne haben unmittelbar mit der Taufe kaum etwas zu tun; es sind zwei Wundertaten Christi, die ohne Abgrenzung ineinander übergehen, vielleicht der Anfang eines ganzen Zyklus, der bis auf diese beiden verlorengegangen ist. Die Frage ist, ob in ihm das Wunder als solches das Wesentliche ist oder nicht viel mehr der Sinn des Wunders, einmal bei der Heilung des Gichtbrüchigen das »Stehe auf und nimm dein Bett, deine Sünden sind dir vergeben«, das andere Mal in der Szene, da Petrus versucht, wie Christus auf dem Meere zu wandeln, und ihn plötzlich die Angst packt, die Worte Christi: »O du Kleingläubiger, warum zweifelst du?«

Diesen Raum ganz mit Bildern zu schmücken, hatte wohl seine besonderen Gründe. In ihm, in dem nicht das Wort, sondern die Handlung das Entscheidende war, sollte durch das Bild das zur Sprache kommen, was für die, welche sich taufen ließen, dieses Sakrament bedeutete, Hingabe in den Tod des Erlösers und damit Befreiung von der Sünde des bisherigen Lebens, Auferstehung mit ihm und neues, ewiges Leben durch ihn, der die Kraft hat, daß auf sein Wort hin der Gelähmte geht, ja der den, der an ihn glaubt, selbst auf dem Meere wandeln läßt.

Das links an die Taufkapelle anschließende Gemach harrt noch seiner Deutung im Zusammenhang mit dem Kult in einer frühchristlichen Kirche. Es mag den verschiedenen Zwecken gedient haben, vielleicht der Entkleidung und Bekleidung der Täuflinge, vielleicht dem Unterricht der Katechumenen, auch ihrem Aufenthalt, während in dem links anschließenden Raum der Gottesdienst stattfand, von dem sie noch ausgeschlossen waren, dem sie aber zuhören durften während des ersten, der Predigt geltenden Teils; vielleicht aber fand in diesem Raum auch die Agape statt, das christliche Liebesmahl.

Zur Gewinnung des eigentlichen Kirchenraumes selbst aber vereinigte man den Hauptwohnraum des Hauses, den Diwan, mit dem annähernd quadratischen Raum in der Südwestecke des Hauses (Tafel 6, Abb. 6); dieser erhielt ursprünglich sein Licht durch die schartenartigen Fenster gegen die Mauergasse, die man jetzt aber zumauerte, da sich das Niveau der Straße zwischen dem Haus und der Mauer durch den Flugsand schon sehr bald so erhöht hatte, daß man von ihr in den Raum hätte hineinblikken können. Die Mauer zwischen diesem Raum und dem Diwan, dessen ihn umziehende Bank man beseitigte, wurde fortgeschlagen, so daß der rechteckige etwa fünf Meter breite Kirchenraum eine Länge von etwa dreizehn Metern erhielt. Er war für die Gemeindemitglieder vom Hofe her zugänglich und erhielt auch von diesem durch die Tür und ein neben ihr sitzendes Fenster sein Licht.

Das einzige, was einen gewissen Anhalt über die Form des Kults in diesem Raume geben kann, ist ein nur zwanzig Zentimeter hohes Podium von 1,44 m Breite und 1,08 m Tiefe an der Ostseite des Saales. Es liegt unmittelbar neben der Tür zu dem kleinen Raum im Osten des Kirchensaales. Wenn man diesen nicht wie den quadratischen Raum in der Südwestecke ebenfalls mit dem großen Raum vereinigte, so wohl, weil er als solcher erhalten bleiben mußte, da er vielleicht als Sakristei diente, in welcher der Presbyter die Gewänder anlegte, in welcher das für den Gottesdienst benötigte Gerät aufbewahrt wurde und der Diakon das eucharistische Opfer vorbereitete.

Das niedrige Podest neben der Tür zum Saal kann wohl nur den Stuhl des Presbyters getragen haben, der den Gottesdienst leitete. Da das Licht schräg von rechts durch die Tür zum Hof und durch ein Fenster neben ihr in den Raum fiel und ein Fenster neben dem Podest wohl nicht vorhanden war, hat man neben dem Stuhl des Presbyters in der Ecke zwischen Ostwand und Podest einen kleinen quadratischen Sockel von 20 cm Seitenlänge errichtet, wohl um auf ihm einen Kandelaber aufzustellen. Rechts und links neben der erhöhten Stelle des Liturgen, der bei der Bedeutung Duras als militärischer Stützpunkt und Übergang über den Fluß vielleicht ein Bischof gewesen sein könnte, hätten beiderseits, wenn die schmale Tür zur Sakristei geschlossen war, noch je zwei Priester Platz gehabt.

Über den Gottesdienst in einer Kirche wie der von Dura erfahren wir einiges aus der schon erwähnten syrischen Didaskalia, eine Lehrschrift, die etwa um die gleiche Zeit abgefaßt wurde, als man das Haus hinter der Festungsmauer von Dura in eine Kirche umwandelte. Es scheint daher wohl sinnvoll, das den Gottesdienst selbst behandelnde Kapitel hier abzudrucken.

In ihm heißt es über den Gottesdienst als solchen:

»Bei Euren Zusammenkünften aber in den heiligen Kirchen haltet Eure Versammlungen in durchaus musterhafter Weise ab und bestimmt für die Brüder sorgfältig mit Schicklichkeit den Platz. Für die Presbyter aber soll der Platz im Osten des Hauses abgesondert werden und der Sitz des Bischofs stehe unter ihnen, und die Presbyter sollen bei ihm sitzen.«

Von dem vor dem Sitz des Liturgen stehenden Altar wird nicht gesprochen – aber aus anderen Stellen der Didaskalia geht eindeutig hervor, daß er nur zwischen Priester und Gemeinde gestanden haben kann. Dann heißt es weiter über die Sitzordnung:

»Wiederum auf der gegenüberliegenden Seite (also dem Klerus gegenüber) sollen die männlichen Laien sitzen. So nämlich ziemt es sich, daß die Presbyter mit den Bischöfen an der Ostseite des Hauses sitzen und danach die männlichen Laien und alsdann die Frauen, daß, wenn Ihr steht, um zu beten, die Leiter zuerst stehen, darauf die männlichen Laien und alsdann wiederum die Frauen. Nach Osten müßt Ihr nämlich beten, wie Ihr wißt, daß geschrieben steht: ›Gebt Gott die Ehre, der im höchsten Himmel einherfährt, nach Osten zu.‹

Was nun die Diakone betrifft, so soll der eine beständig bei den Opfergaben der Eucharistie (das heißt neben dem Altar) stehen; der andere aber soll draußen an der Tür stehen und auf die Eintretenden achten, und danach, wenn ihr das Opfer darbringt (das heißt, wenn die Tür geschlossen wird), sollen beide Diakone in der Kirche dienen. Und wenn es sich findet, daß jemand auf einem Platz sitzt, der ihm nicht gehört, so soll der Diakon, der den Dienst im Inneren vollzieht, ihn schelten und ihn aufstehen lassen, damit er an dem ihm zukommenden Orte niedersitze. Denn mit einer Hürde hat der Herr die Herde verglichen; wie wir nämlich die unvernünftigen Tiere, wir meinen die Rinder, Schafe und Ziegen, nach ihrer Art lagern und stehen, weiden und wiederkäuen sehen, und keines von ihnen sich von seinen Artgenossen trennt, und wie wir andererseits auch bei jedem einzelnen Tiere des Feldes sehen, daß es mit seinesgleichen durch die Felder schweift, also sollen auch in der Kirche die Jünglinge für sich sitzen, soweit Platz vorhanden ist; wenn nicht, dann sollen sie stehen; und die im vorgerückten Alter sind, die sollen wieder für sich sitzen. Die Kinder sollen an der einen Seite sitzen, oder ihre Väter und Mütter sollen sie zu sich nehmen, aber sie sollen stehen; und die Jungfrauen sollen auch wieder für sich sitzen und, wenn kein Platz vorhanden ist, sollen sie ihrerseits hinter den Frauen stehen. Die verheirateten Frauen oder die noch sehr jung sind und die Kinder haben, sollen für sich stehen; die Greisinnen jedoch und Witwen sollen abgesondert für sich sitzen. Der Diakon aber soll darauf achten, daß jeder von ihnen, wenn er hereinkommt, an seinen Platz geht, daß nicht einer von ihnen sich an den ihm nicht zukommenden Platz setze. Weiterhin soll der Diakon darauf achten, daß niemand etwa summe oder schlafe, lache oder nicke. Denn so geziemt es sich, in der Kirche in wohlanständiger Haltung und nüchternen Sinnes zu sein und ein offenes Ohr zu haben für das Wort des Herrn.

Wenn aber jemand aus einer anderen Gemeinde kommt, ein Bruder oder eine Schwester, so soll der Diakon fragen und in Erfahrung bringen, ob sie verheiratet oder vielleicht eine gläubige Witwe (Nonne) ist und ob sie der Kirche oder vielleicht einer der Häresien angehört. Dann führe oder stelle er sie an den ihr gebührenden Platz. Wenn aber ein Presbyter aus einer anderen Gemeinde kommt, so nehmt Ihr Presbyter ihn in die Gemeinschaft auf Euren Platz; und wenn es ein Bischof ist, so soll er bei dem Bischof sitzen, und der soll ihn der Ehre seines Platzes für würdig halten, wie sich selbst. Und Du, Bischof, sage zu ihm, er möge an die Gemeinde eine Ansprache richten, denn die Ermunterung und Ermahnung durch den Fremden ist sehr förderlich, zumal da geschrieben steht: ›Es gibt keinen Propheten, der willkommen wäre in seinem Vaterland.‹ Und wenn Ihr das Opfer darbringt, so soll der Fremde reden; wenn er aber weise ist und Dir die Ehre gibt und die Eucharistie nicht vollziehen will, so soll er wenigstens über dem Kelche beten.

Wenn aber, während Ihr da sitzet, ein anderer kommt, sei es ein Mann oder eine Frau, denen in der Welt Ehre gebührt, entweder aus dem Orte selbst oder aus einer anderen Gemeinde, dann nimm Du, Bischof, wenn Du das Wort verkündest, oder (dem Vorleser) zuhörst oder selbst vorliest, keine Rücksicht auf die Person und höre nicht auf mit Deinem Wort und weise ihnen den Platz an, sondern bleibe ruhig wie Du bist und unterbrich nicht Deine Rede.« Über die Katechumenen heißt es an einer anderen Stelle der gleichen Didaskalia: »Wie wir die Heiden, wenn sie den Willen haben oder sich dazu bekennen, daß sie sich bekehren wollen, nur sagen ›Wir glauben‹, in die Gemeinde aufnehmen, damit sie des Wortes teilhaftig werden, wir aber noch nicht mit ihnen verkehren, bis sie das Siegel (der Taufe) empfangen haben und vollkommen sind, also haben wir auch mit jenen keinen Verkehr, bis daß sie die Früchte der Reue zeigen: aber eintreten dürfen sie, wenn sie das Wort hören wollen, damit sie nicht gänzlich zugrunde gehen. Am (eucharistischen) Gebet sollen sie jedoch nicht teilnehmen, sondern dann müssen sie aus der Kirche hinausgehen; denn gerade wenn sie sehen, daß sie nicht an der Gemeindeversammlung teilnehmen dürfen, werden sie selbst sich in Zucht nehmen und sich bekehren.«

In dem Hintereinander der beiden Geschlechter, das man auf den griechischen Inseln heute noch beim Gottesdienst findet, spiegelt sich noch die Verteilung der Plätze in der jüdischen Synagoge wider, wo ebenfalls die Frauen, oft von den Männern durch ein Schranke getrennt, hinter den Männern dem Gottesdienst beiwohnen, und wie man es, aus der gleichen Wurzel stammend, auch in den Moscheen beobachten kann, wenn diese nicht Podeste oder rückwärtige Logen für die Frauen besitzen.

Wäre es nicht unwahrscheinlich aus sprachlichen und sachlichen Eigentümlichkeiten wie etwa dem mehrfachen Verbot des Theaterbesuchs, für den es in Dura keine Gelegenheit gab, wie auch aus der sehr energischen Auseinandersetzung mit der judenkirchlichen Gemeinde, für die es ebenfalls dort keine Veranlassung gegeben zu haben scheint, so könnte man geradezu annehmen, die syrische Didaskalia sei von einem Presbyter Duras um die Mitte des dritten Jahrhunderts, jedoch wohl noch vor der Verfolgung unter Decius geschrieben. So sehr paßt alles auf die Kirche Dura. Auch die Tatsache, daß zwei Diakone, der eine am Zugang zum Gebäude, das offenbar keinen besonderen Türhüter besaß, der andere an dem Tisch für die Eucharistie standen, würde für eine ziemlich kleine Kirche sprechen, etwa von den Ausmaßen der Kirche von Dura.

Noch ist der Altar, auf dessen Platz man nur aus dem Standort eines Diakons während des Gottesdienstes schließen kann, der aber nur vor dem erhöhten Sitz des Presbyters oder Bischofs gestanden haben kann, ein beweglicher Tisch, wie in seinem griechischen und lateinischen Namen auch später noch seine Herkunft aus dem profanen Speisetisch vernehmbar ist.

Schlichter als diesen bescheidenen gestreckt rechteckigen Saal kann man sich ein christliches Gotteshaus kaum vorstellen. Es ist diejenige Form, die bis heute immer wieder da gefunden wird, wo man mit den einfachsten Mitteln eine christliche Kirche aufzubauen hat. Wie die Lehre heute trotz aller Spaltungen noch wie vor neunzehnhundert Jahren unangetastet ist, wie in ihrem Kern das eucharistische Opfer steht, so fordert sie immer wieder die gleiche Form des Kirchenbaues, die gewissermaßen die Urform selbst jeder großen Kirche bleibt.

Wenn Eucharistie, das Abendmahl, und Agape, das Liebesmahl, schon am Ende des ersten Jahrhunderts voneinander getrennt werden, so bedeutet dieses zugleich eine erste und entscheidende Verwandlung des Kirchenraumes.

Muß in der Versammlung der Urkirche der Tisch des gemeinsamen Mahles die Mitte gewesen sein, um die sich alle, die an ihm teilnahmen, Priester wie Laien, versammelten, so wird es mit der wachsenden Gemeinde allmählich unmöglich, Eucharistie und Agape miteinander zu verbinden. Die Agape wird von dem eucharistischen Opfer getrennt und möglicherweise in einen gesonderten Raum verwiesen. Aber auch die Eucharistie bekommt bei der Größe der Gemeinde und der kleinen Zahl der Kleriker, die dem Bischof assistieren, einen anderen Charakter. Zwar bleibt der Altar die Mitte des Geschehens, aber es bildet sich schon durch die Sitzordnung eine Art von Dualismus: hier Geistlichkeit, dort Gemeinde. Zwischen dem Bischof mit dem Klerus und der Gemeinde steht als Mitte des christlichen Kults der Tisch des Herrn. Er ist die Mitte, und in seiner Bedeutung ist er stets die Mitte; gleichwohl kann er sie zwischen der verhältnismäßig kleinen Gruppe des Klerus und der immer größer werdenden Gemeinde nicht bleiben. Zwangsläufig wandelt sich damit das in jeder Weise auf diese Mitte bezogene Wesen der Urkirche in ein Gegenüber von Gemeinde und Klerus, das sich in dem Altar trifft. Die Steigerung der monarchischen Gewalt des Bischofs, der anfangs noch aus der Gemeinde erwählt wurde, dann aber bald durch ein Kollegium von seinesgleichen ernannt wurde, seine entscheidende Rolle auch in den inneren dogmatischen Auseinandersetzungen der Kirche selbst, bedeutete nur die Verstärkung dieser Tendenz. Etwas von dem spätantiken Staat mit seinem betonten Gegenüber von Kaiser und Volk dringt auch unwillkürlich in die Kirche ein, ein Gegensatz, wie wir ihn etwa in dem Vorhof des Kaiserpalastes von Spalato erfahren. Wie in diesem bei feierlichen Empfängen der Kaiser gleich Theodosius auf dem silbernen Missorium in Madrid an dem einen Ende des langgestreckten Platzes, den man wohl einem Kirchenschiff vergleichen könnte, den auf ihm versammelten Untertanen vor der Front des Palastes gegenüberstand, so standen oder saßen im Saal der frühen Kirche die Laien dem Bischof und dem Klerus gegenüber. Allerdings ein grundsätzlicher Unterschied ist und bleibt: Während im staatlichen Gefüge zwischen Kaiser und Volk die verbindende Mitte fehlt, während hier die Polarität zum reinen Gegenüber wird, steht zwischen Klerus und Gemeinde stets der Altar als das, worauf beide hingewendet sind, die eigentliche Mitte des eucharistischen Geschehens.

DIE KIRCHE IN FDER VERFOLGUNG UND IHRE ANERKENNUNG DURCH DEN STAAT

Doch die Kirche wuchs, je schwieriger die innere, aber auch die äußere Situation des Menschen im zweiten und im dritten Jahrhundert wurde. Müder Gleichmut und stoischer Pessimismus selbst in den Kreisen, die vom Glück begünstigt zu sein schienen, wie sie aus dem spürbar werden, was etwa Kaiser Hadrian und Marc Aurel über Leben und Tod dachten, breiten sich ganz allgemein in dem Maße aus, als die Widerstandskraft abnahm.

Noch zu seinen Lebzeiten läßt sich Hadrian am Tiber den riesigen Grabbau errichten, der in seinen Maßen das Mausoleum des Augustus weit übertrifft, die heutige Engelsburg; von dem gleichen Manne aber stammt das in der Historia Augusta überlieferte kleine Gedicht aus der Zeit kurz vor seinem Tode, voller Resignation gegenüber der Monumentalität dieses Grabbaues, der die Zeiten überdauert hat:

Du liebste Seele, du zärtlicher Gast
Des Leibes, unsteter Wandersmann,
Trittst nun ins Land der Dunkelheit,
Der Kälte und Leere die Reise an –
Und vorbei ist all deine Heiterkeit

Strenger und glaubwürdiger ist die Haltung des bis zu seinem letzten Augenblick seine Pflicht erfüllenden Kaisers Marc Aurel in seinen durch Epiktets Lehre geprägten Überlegungen über Sinn und Widersinn des Lebens. Der Philosoph stirbt als Soldat im kaiserlichen Hauptquartier an der Donaufront.

Mancher versucht noch, das ihn anstarrende Nichts durch Arroganz zu überspielen wie die Kaiser Commodus und Caracalla, oder ihm schlichte Pflichterfüllung und weitausgreifende Aktivität entgegenzusetzen wie Antoninus Pius und Septimius Severus. Doch in allen Anstrengungen kommt etwas von der Unendlichkeit der Aufgaben gegenüber der Endlichkeit der äußeren wie inneren Kraft zum Bewußtsein. Die politischen Ziele mußten zurückgesteckt werden; aber auch das Leben jedes einzelnen hatte sich verändert. Der Soldat war nicht mehr derjenige, der den Wohlstand des Bürgers und des Bauern sicherte und den es nach abgeleistetem Dienst danach zog, selbst Bauer und Bürger zu werden. Spannung war zwischen den Bürgern wie den Bauern und dem Soldaten, zwischen dem reichen Grundbesitzer und der verarmenden Bevölkerung der Länder.

In diese sich erschöpfende Welt hinein wirkte die christliche Lehre mit ihrer Erwartung zwar des Untergangs dieser Welt aber des Aufgangs der dann kommenden besseren. In ihr war etwas Hoffnung; sie mußten um so tröstlicher erscheinen, je düsterer die Gegenwart war. Doch diese Lehre blieb nicht untätig wie die reaktionäre Haltung derjenigen, die sich um die alten Götter des Staates scharten und zusehen mußten, wie deren Kulte trotz allem Aufwand immer mehr in den Hintergrund gedrängt wurden.

Wesentlich für das Christentum war nicht nur die Verheißung von der Wiederkehr des Messias, sondern auch der Auftrag, diese Botschaft in der Welt zu verbreiten und zu missionieren. Dazu kam im Unterschied zu allen anderen fremden Kulten, die damals in das Reich eindrangen, für den Menschen, der sich zum christlichen Glauben bekehrt hatte, die Abwendung von allem, was mit den alten Göttern, aber auch mit der bedingungslosen Gefolgschaft gegenüber den Ansprüchen von Kaiser und Staat zusammenhing. Immer geringer wurde die Zahl derjenigen, die freiwillig ein hohes Amt übernahmen, mit dem die obligaten Opfer an irgendwelche Götter oder an die Genien des Kaisers und des römischen Volkes verbunden waren; immer öfter gab es im Heere Befehlsverweigerungen, gerade also in der Organisation, die den Fortbestand des Imperium Romanum garantieren sollte.

Ja zeitweilig scheint das Christentum selbst in den höchsten Kreisen eine gewisse Anerkennung gefunden zu haben. So berichtet Aelius Lampridius in der am Ende des vierten Jahrhunderts entstandenen Historia Augusta von dem Kaiser Alexander Severus, der von 222 bis 235 regierte, folgendes: »Vor allem verrichtete er, wenn ihn nicht davon abhielt, in den Morgenstunden in seinem Lararium, worin sowohl die zum Gott erhobenen Kaiser, aber nur die besten und vorzüglichsten, als auch die tugendhaftesten Männer, unter anderen Apollonius (von Tyana) und nach Versicherung eines zeitgenössischen Schriftstellers, Christus, Abraham und Orpheus zusammen mit anderen Männern dieser Art und die Bildnisse seiner Vorfahren sich befanden, seine Andacht.« Diese Nachricht über den als abergläubisch bekannten Kaiser kann man allerdings nur mit größter Skepsis behandeln. Nicht nur ist die Quelle an sich mehr als problematisch; zweifelhaft ist auch, daß es schon in der ersten Hälfte des dritten Jahrhunderts etwas wie ein Christusbildnis gegeben hat. Sollte sie aber zutreffen, dann hätten wir in ihr nicht nur einen Hinweis darauf, daß das Christentum selbst am Kaiserhof Fuß zu fassen begann, sondern zugleich das früheste literarische Zeugnis für etwas, das man als »christliche Kunst« bezeichnen könnte.

Wenig Wirkung hatten gegenüber den Christen die Versuche derer, die ihnen den Widersinn ihres Glaubens deutlich zu machen sich bemühten, wie etwa Celsus, Plotin und dessen Schüler Porphyrius. Wirkliche Überzeugung läßt sich durch noch so logische Argumente nicht beeinträchtigen. Doch diese Auseinandersetzung der Philosophen mit dem Christentum mußte unter den Gegnern die Ablehnung seiner Lehre nur verstärken und die Forderungen in den Kreisen, die sich um die alten Götter und den Kaiser scharten, steigern, endlich Maßnahmen gegen die Christen zu ergreifen.

Nach einer langen kaum gestörten Zeit friedlicher Entfaltung, die in sich wohl die Gefahr einer Verweltlichung der Kirche wie der Gläubigen barg, indem sie nach Cyprian »die von Gott gegebene Disziplin erschüttert hatte«, traf die erste systematische Verfolgung aller Christen unter Decius im Jahre 251 die Kirche wie ein Blitz aus heiterem Himmel. Auf die Drohung, daß diejenigen, die nicht den alten Göttern geopfert hätten, unter Umständen mit dem Tode bestraft werden sollten, hat nach Cyprian, der sich selbst seiner Gemeinde durch die Flucht erhielt, »eine sehr große Zahl von Brüdern ihren Glauben verraten und ist niedergeworfen worden durch den Angriff der Verfolgung, sondern hat sich in freiwilligem Entschluß selbst niedergeworfen«.

Die schließlich wegen der außenpolitischen Schwierigkeiten mit dem Tode des Decius abgebrochene Verfolgung war für den Staat gleichwohl insofern erfolgreich, als sie in der Tat die Disziplin der Gläubigen untergrub, von denen mancher das geopferte Opfer vollzog; sie wurde daher durch Valerian wieder aufgenommen, wenn auch nicht mit der gleichen Schroffheit wie unter Decius, indem sie sich nun vorzüglich gegen die Organisation der Kirche, vor allem gegen den Klerus richtete. Nach anfänglicher Zurückhaltung und dem vergeblichen Versuch, die Christen wie die Anhänger anderer Kulte zur Toleranz gegenüber den alten Göttern und zur Anerkennung der hergebrachten Zeremonien zu bringen, mußte der Kaiser sich bald zu schärferen Maßnahmen entschließen. Er befahl, »daß Bischöfe, Presbyter und Diakone sofort hingerichtet werden sollten; Senatoren, Mitglieder des Hochadels und römische Richter sollten nach Verlust ihres Ranges enteignet werden; wenn sie trotzdem Christen blieben, sollten sie mit dem Tode bestraft werden; Matronen sollten nach Verlust ihrer Güter in die Verbannung geschickt werden. Mitglieder des kaiserlichen Hofstaates, die sich vorher zum Christentum bekannt hatten oder die sich neu zu ihm bekennen würden, sollten verhaftet und gefesselt als Gezeichnete auf die kaiserlichen Güter geschickt werden«. Diese Verfügung läßt erkennen, daß wohl gerade auch unter dem Adel und in den höheren Beamtenkreisen das Christentum namhafte Anhänger gehabt haben muß. Die Verfolgung dürfte sich aber, was auch im Hinblick auf Syrien mit der Kirche von Dura von

Wichtigkeit ist, im wesentlichen doch auf den Westen des Reiches beschränkt haben. Während aus Ägypten von Eusebius in seiner Kirchengeschichte für diese Zeit keine Märtyrer erwähnt werden, nennt er aus Palästina nur drei Männer, und zwar einfache Bauern, die das Martyrium selbst herausgefordert hatten. Unter den siebenundachtzig Bischöfen, die im Jahre 256 an einem Konzil in Karthago teilnahmen, erlitten dagegen elf damals den Märtyrertod.

Auch diese Verfolgung wurde wegen der im Osten drohenden Gefahr nach der Gefangennahme Valerians durch die Perser auf Veranlassung seines Sohnes Gallienus abgebrochen. Nach Eusebius hat dieser den Christen die konfiszierten Kirchen zurückgegeben; von den Soldaten allerdings, auf die sich im dritten Jahrhundert allein die kaiserliche Gewalt stützte, wurde auch unter ihm schon um der militärischen Disziplin willen strengste Einhaltung der alten Bräuche und des Opfers für den Kaiser verlangt; so gab es auch damals, wie das Beispiel des Marinos in Kaisareia lehrt, Märtyrer.

Mit der Entfernung der Christen aus dem Heer beginnt auch die größte und schwerste Christenverfolgung unter Diokletian. Nach Laktanz, der sich damals in Nikomedeia, der kaiserlichen Residenz, aufhielt, wollte Diokletian, eine klare und strenge Soldatennatur, es an sich bei diesem Schritt bewenden lassen, um sich gegen militärischen Ungehorsam, aber auch gegen eine persönliche Bedrohung zu sichern. Angeblich waren es das Drängen des Galerius, seines Schwiegersohnes und Mitkaisers in der Osthälfte des unter vier Kaiser aufgeteilten Reiches, und ein den Christen in die Schuhe geschobener Brand im Palast von Nikomedeia, die zu strengeren Maßnahmen führten. Mit einem Edikt vom 23. Februar 303, das in der Folge durch drei weitere ergänzt wurde, ordnete der Oberkaiser für das gesamte Reich eine allgemeine Verfolgung der Christen an, indem nun auch die Zerstörung der Kirchen und die Verbrennung der heiligen Schriften befohlen wurden.

Wenn es später, nach dem Siege Konstantins an der milvischen Brücke und dem allgemeinen Toleranzedikt von Mailand hieß, sein Vater Constantius, der in Trier residierende Nebenkaiser der Westhälfte des Reiches, habe in seinem Sprengel die von Nikomedeia ausgehenden Befehle Diokletians nicht befolgt, so ist das eine bewußte Schönfärberei. Bezeichnend ist, daß die früheste Quelle über die Durchführung der in den Edikten erlassenen Bestimmungen dem widerspricht. Laktanz schreibt, obwohl er persönlich sowohl Constantius wie Konstantin nahestand, in seiner Abhandlung über den Tod der Verfolger: »Constantius, um nicht den Anschein zu erwecken, als ob er gegenüber den Vorschriften der Oberkaiser anderer Meinung sei, ließ es zu, daß die Räume, die der Zusammenkunft dienten, die man ja wieder aufrichten konnte, zerstört wurden; den wahren Tempel Gottes aber, der in den Menschen selbst ist, den ließ er unversehrt.« Später hat dann Eusebius, um den Vater des von ihm als den eigentlichen Friedensbringer dargestellten Konstantin weißzuwaschen, erklärt: »Constantius hat als einziger sich an dem Kriege gegen uns – die Christen – in keiner Weise beteiligt, sondern die Gottesfürchtigen unter seiner Herrschaft ungeschädigt und ungekränkt gelassen, indem er weder die Häuser der Kirchen zerstörte noch sonst eine neue Übeltat gegen uns unternahm.«

Dabei ist es für die Geschichte des Kirchenbaues von Bedeutung, daß in den Quellen bis zur diokletianischen Verfolgung niemals von Kirchen als solchen gesprochen wird, sondern immer von den Gebäuden der Versammlung, den Häusern, den οἶκοι, den conventicula, loca ecclesiastica. Es waren wohl allgemein Privathäuser, die für den christlichen Kult zur Verfügung gestellt waren wie in Dura und bei den alten römischen Kirchen, den sogenannten Tituli.

Wie in Rom wird es auch anderenorts gewesen sein. Noch scheint es in der Vorstellung der Christen – denn auch die schriftlichen Quellen aus dem dritten Jahrhundert bleiben stumm – keine Kirche im Sinne eines selbständigen Bauwerks von ganz klar zu bestimmender Gestalt geben zu haben. Bis zur diokletianischen Verfolgung dürfte, auch wenn eine Gemeinde in der Lage gewesen sein sollte, sich eine Versammlungsstätte von Grund auf neu zu errichten, etwas wie ein Kirchenbau als solcher nicht bestanden haben. Bis kurz vor der diokletianischen Verfolgung dürfte es etwas wie eine Kirche als selbständigen Bau nur an wenigen Orten gegeben haben. Ein solcher könnte nach dem Bericht des Laktanz über ihre Zerstörung die Kirche neben dem Palast Diokletians in Nikomedeia gewesen sein. Er bezeichnet sie zwar als ecclesia, worunter im allgemeinen die Gemeinde und nicht der Bau verstanden wurde. Doch nach der Polemik gegen die künstlerische Gestaltung des Kultbaues bei Klemens von Alexandria ist das Wort ecclesia schon um 300 für den Kirchenbau üblich gewesen.

Jedoch weder Constantius, der nach der Abdankung der beiden Oberkaiser Diokletian und Maximinian im Osten und Westen, am 1. Mai 305 der Erste unter den beiden vom Caesar zum Augustus aufrückenden Tetrarchen wurde und der damals keineswegs die Edikte Diokletians außer Kraft setzte, noch sein nach des Vaters plötzlichem Tod im Jahre 306 die Herrschaft im nördlichen Reichssprengel an sich reißender Sohn Konstantin sind es gewesen, die sich zuerst gegen die Verfolgung der Christen wandten, sondern Maxentius, der Sohn des ehemaligen Augustus in der Westhälfte des Reiches, Maximianus Herculius. Als Konstantin nach dem Tode seines Vaters ohne Rücksicht auf die von Diokletian bestimmte Nachfolgeordnung ursurpierte, tat Maxentius das gleiche im südlichen Sprengel der Westhälfte des Reiches; am 12. Oktober 306 ließ er sich durch die römische Prätorianergarde zum Caesar ausrufen, indem er Rom zur Hauptstadt seines Reichsteils machte, der außer Italien auch Nordafrika umfaßte. Selbst Eusebius, der nicht müde wird, Konstantin als den hinzustellen, dem der Sieg des Christentums zu verdanken sei, kommt an der Tatsache nicht vorbei, daß es Maxentius war, der als erster die Verfolgung einstellen ließ; seit 308 gab es in Rom wieder einen Papst.

Als dann ebenfalls der nunmehrige Augustus in der Osthälfte des Reiches, Galerius, im Jahre 311 ein Toleranzedikt erließ, hat Maxentius der Kirche auch das konfiszierte Kirchengut, darunter die Kirchen, zurückgegeben, ein Vorgehen, das wohl erst nach seinem Untergang in der Schlacht an der milvischen Brücke durch das allgemeine Toleranzedikt von Mailand vom Jahre 313 für das ganze Reich in Wirkung trat. Es war das Schicksal des Maxentius, der in dem Kampf gegen seinen Schwager Konstantin, ohne Zweifel die überlegenere und energischere Persönlichkeit, unterlag, daß sein Verhalten gegenüber den Christen in Vergessenheit geriet und daß der Sieger in der Schlacht an der milvischen Brücke den Christen als der eigentliche Beglücker erscheinen mußte.

Konstantin selbst, den dann ein zwischen 313 und 315 vom Senat errichteter Ehrenbogen in Rom als den Sieger feierte (Tafel 27), der »durch die Eingebung der Gottheit und seine eigene Geistesgröße die Partei des Tyrannen auslöschte und die Stadt von ihm befreite«, war also nicht der erste, der es für klüger hielt, den Christen die Freiheit ihres Gottesdienstes zu gewähren. Das Verhalten des Maxentius mag ebenfalls vornehmlich politisch bedingt gewesen sein aus der Einsicht, daß es gefährlicher sei, in den Christen Roms verbissene Gegner zu haben, als sie zu dulden. Auch Konstantins Verhalten gegenüber den Christen mag zunächst wesentlich von politischen Überlegungen bestimmt gewesen zu sein. Die angebliche Vision in der Nacht vor der Schlacht an der milvischen Brücke erfuhr allerdings kurz darauf durch eine über zehn Meter hohe Statue in der Apsis der Maxentiusbasilika (Tafel 26) eine monumentale Propaganda, indem man nach Eusebius, der allerdings das Bildwerk wohl nur vom Hörensagen kannte, dem thronenden Konstantin auf das Verlangen des Siegers das Triumphzeichen des erlösenden Leidens in die Rechte gab, worunter eigentlich nur das Kreuz und nicht das Christogramm, das heißt die Verschränkung der Anfangsbuchstaben des Namen Christi X und P zu einem Zeichen, verstanden werden kann. Dazu soll der Kaiser angeordnet haben, daß unter dieser Statue folgende

Inschrift angebracht wurde: »Durch dieses heiligbringende Zeichen, welches der wahrhafte Beweis der Virtus ist, habe ich Eure Stadt vom Joch des Tyrannen befreit und durch meine Befreiungstat setzte ich Senat und Volk der Römer wieder in ihre alte Erscheinung und ihren alten Glanz ein.« Dazu, daß wir in diesem Falle Eusebius, der dies berichtet, Glauben schenken dürfen, berechtigen schon die Eigentümlichkeiten der Überreste dieser Statue, die den Schaft der Standarte umfassende erhobene rechte Hand wie die leichte Wendung nach rechts in dem an sich frontal dargestellten Kopf; vor allem aber ist die Haltung Konstantins gegenüber dem Christentum auch durch ein seltenes Silbermedaillon mit seinem Bildnis bezeugt, das zur gleichen Zeit in der Münze von Ticinum geprägt wurde (Tafel 27 unten). Auf dem Stoß des kostbaren Helmes erscheint das Christusmonogramm.

Wenn gleichwohl sich im Durchgang des römischen Ehrenbogens noch die Büsten der alten Götter finden, unter ihnen auch die des Sol invictus, und wenn der Kaiser in den am Bau wiederverwandten und umgearbeiteten Rundreliefs eines hadrianischen Denkmals den alten Göttern opfert, Silvan, Artemis, Hercules und Apoll, so sollte man nicht übersehen, daß dieses Denkmal vom Senat errichtet wurde, unter dessen Mitgliedern trotz der Inschrift, nach der Konstantin seinen Sieg der Eingebung der Gottheit verdankt habe, deren Namen allerdings nicht genannt wird, gewiß nur wenige Christen waren. Es wäre durchaus denkbar, daß Konstantin nur den Text der Inschrift redigiert hat, als man ihn um seine Einwilligung für die Erbauung des Bogens bat, wie er es ja auch war, der die Anbringung der Inschrift unter der kolossalen Statue in der Basilika veranlaßt haben soll, die nach dem Willen derer, die sie in ihr aufstellen ließen, den Kaiser wohl lediglich als den Sieger an der milvischen Brücke verherrlichen sollte. Das Silbermedaillon, die Kolossalstatue mit der erwähnten Inschrift wie auch die Inschrift am Konstantinsbogen (Tafel 26, 27) sind trotz ihrer Zurückhaltung ein klares Bekenntnis des Siegers an der milvischen Brücke zum Christentum, wie denn Konstantin weder nach seinem Einzug in die Stadt noch später, etwa anläßlich seines zehnjährigen Regierungsjubiläums, oben vor dem Jupitertempel auf dem Kapitol das übliche Staatsopfer dargebracht hat. Das Toleranzedikt von Mailand wie die Schenkung des Palastes der Laterani, der Residenz des überwundenen Maxentius, an den Bischof Miltiades von Rom, damit er an dieser Stelle mit Unterstützung durch den Kaiser eine große Kirche baue, sind unmittelbar darauf die ersten Bekundungen eines ganz persönlichen Einsatzes für das Christentum; daran ändert auch nichts, daß Konstantin mit der Taufe nach der Überlieferung gewartet hat, bis seinem Wirken der Tod im Jahre 337 ein Ende setzte.

Der Grund dafür, die Taufe hinauszuzögern, war sicher nicht Unentschlossenheit; denn an Bekundungen seines Einsatzes für das Christentum ließ er es nicht fehlen. Die Schwierigkeiten lagen ähnlich wie drei Jahrhunderte zuvor, als man nach dem Ende der Bürgerkriege dem Ersten unter den Bürgern den Namen des Augustus verlieh, und zwar in einem Augenblick, als dieser, wie er am Ende seines Tatenberichts sagt, alle Gewalt wieder dem Senat und dem römischen Volk übertrug.

Damals war jene Herrschaftsform des Principats entstanden, die sich im Laufe von drei Jahrhunderten zum absoluten Kaisertum verwandelt hatte. Der Weg konnte nicht rückgängig gemacht werden, sondern man mußte ihn weitergehen. Das Problem war nach dem Sieg an der milvischen Brücke, den absoluten Herrscher, der selbst betonte, daß er »durch das heilbringende Zeichen die Stadt vom Tyrannen errettet und befreit habe und durch seine Befreiungstat Senat und Volk der Römer wieder in ihre alte Erscheinung und in ihren alten Glanz eingesetzt habe«, in die Kirche, der er zum Sieg verholfen hatte, einzugliedern. Man erkannte in ihm, wie Eusebius sagt, »den Statthalter Gottes«, und er selbst bezeichnete sich den Bischöfen gegenüber, die für die Dinge in der Kirche verantwortlich seien, als den von Gott eingesetzten Bischof, der auch für die Dinge verantwortlich sei, die außerhalb der Kirche lägen. Er war gewiß Christ; aber er mußte, indem er den Titel eines Pontifex maximus weiter führte, zugleich dafür Sorge tragen, daß in dem Staate, den er zu leiten hatte, Toleranz herrschte auch gegenüber den Nichtchristen.

Wie Kirchen zur Zeit der letzten großen Christenverfolgung unter Diokletian aussahen, diejenigen Räume, die als οἶκοι, conventicula, loca ecclesiastica bezeichnet werden und die, wo sie nicht zerstört waren, nach den Toleranzedikten des Maxentius und Galerius den Gemeinden zurückgegeben wurden, wissen wir nicht. Was von den sogenannten Tituli in Rom erhalten blieb, lehrt, wie auch die Kirche von Dura, daß es damals noch keine verbindliche Raumform gegeben hat. Indem man einen Raum oder auch mehrere Räume in Privathäusern für die Zusammenkünfte der Christen einrichtete, mußte man sich dem anpassen, was diese Häuser boten. Gewiß hat man auch schon im dritten Jahrhundert kirchliche Neubauten errichtet, wie unter anderem aus den zufällig bekannten Absichten des Bischofs von Antiochia hervorgehen dürfte, gegen die im Jahre 265 seine Amtskollegen protestierten. Aber keine von diesen Kirchen ist bisher bekanntgeworden. Im allgemeinen wird man sich wie in Rom, Dura oder in Aquileia, wo man unter der Nordkirche aus dem Beginn des vierten Jahrhunderts eine Versammlungsstätte des dritten Jahrhunderts vermuten darf, mit den verfügbaren Räumen begnügt und das kultische Geschehen auf sie abgestimmt haben.

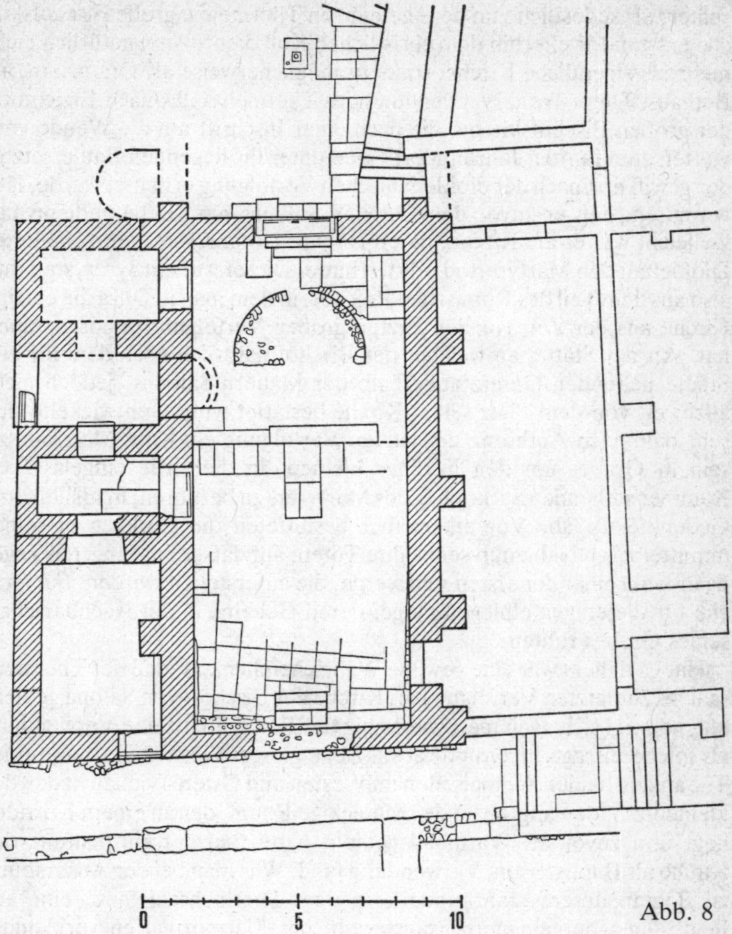

Abb. 8

Auch ein Saal in einem wohl ursprünglich privaten Badehaus aus dem Ende des zweiten Jahrhunderts, dessen Ruinen in der östlichen Neustadt von Salona unmittelbar außerhalb der Mauer der Altstadt liegt, gibt keine besondere Auskunft (Tafel 8, 9, Abb. 8). Es ist nicht unwahrscheinlich, daß der schlichte rechteckige, einst überwölbte Raum, der ursprünglich wohl als Kaltbad verwandt wurde, bereits in der Zeit der diokletianischen Verfolgung für den christlichen Gottesdienst benutzt wurde, da er dann später, als südöstlich von der ehemaligen Therme die große Bischofskirche entstand, weiterhin dem christlichen Kult diente, nun natürlich nicht mehr als eigentliche Kirche, sondern möglicherweise als Oratorium, als Bethaus. Diese Weiterverwendung des Thermensaales nach Errichtung der großen Bischofskirche, die nach einer Inschrift um die Wende vom vierten zum fünften Jahrhundert einen unter ihr liegenden Bau ersetzte, der gewiß erst nach der diokletianischen Verfolgung errichtet wurde, läßt vermuten, daß er zuvor den Christen Salonas als Kirche gedient hat; vielleicht war es die Kirche, deren Bischof Domnius im Jahre 304 unter Diokletian den Märtyrertod erlitten hatte. Dieser war ein Syrer, stammte also aus dem Teil des Römischen Reiches, in dem man in Dura die einzige Kirche aus der Zeit vor den letzten großen Verfolgungen ausgegraben hat. An der Stätte, an welcher der Bischof natürlich nach dem für alle Städte geltenden Gesetz außerhalb der Mauern Salonas, jedoch nicht allzuweit von dem Platz seiner Kirche bestattet wurde, entwickelte sich sehr bald nach Aufhören der letzten Verfolgung ein Kult. Man kam zu seinem Grabe, um den in einer kleinen, in die Erde eingelassenen Kammer stehenden Sarkophag des Märtyrers zu berühren; man hielt dort Gedenkfeiern ab. Vor allem aber bestatteten die Christen in seiner unmittelbaren Nähe nun selbst ihre Toten, auf daß er am Jüngsten Tage, da er wohl einer der ersten sein werde, die auferstehen würden, Fürsprache für diejenigen einlegen möge, deren Gebeine in der Nachbarschaft seines Grabes ruhten.

Hat es daher zwar eine gewisse Wahrscheinlichkeit, daß der Thermensaal bis zur letzten Verfolgung als Kirche des Bischofs von Salona gedient hat, so zeigt sich auch hier, wie wenig der Raum über seine Verwendung als solche aussagt, im Grunde etwas Belangloses: Vier Wände mit je einer Tür an den beiden Schmalseiten im Westen und Osten – vielleicht daß der kleine im Süden angrenzende rechteckige Raum, der an einem Korridor liegt und zuvor als Warmbad gedient hatte, bei der Einrichtung der Kirche als Baptisterium Verwendung fand. Was man bei der Ausgrabung zu Beginn unseres Jahrhunderts in dem Thermensaal fand, eine aus Feldsteinen aufgemauerte, einst wohl mit Marmorplatten verkleidete halbrunde Bank mit einer Lücke in der Mitte für einen einmal entfernten, wohl steinernen Stuhl in dem westlichen, um eine Stufe erhöhten Teil, gehört kaum, wie man annahm, zu der ursprünglichen Ausstattung des christlichen Kultraumes. Auf jeden Fall kann eine den Raum unterteilende Schrankenarchitektur auf der Schwelle östlich der halbrunden Bank nach der Form des Kreuzes auf dem wohl zu ihr gehörenden Kämpferkapitell wie nach der Ornamentik vom Fuß oder Sockel ihres Pfeilers kaum an das Ende des dritten oder an den Beginn des vierten

Jahrhunderts datiert werden. Auch die segmentförmige Priesterbank ist, soweit wir wissen, erst im Laufe des vierten Jahrhunderts üblich geworden; die rechteckigen Kirchensäle von Aquileia aus dem Anfang des vierten Jahrhunderts kennen sie auf jeden Fall noch nicht. So bliebe letzten Endes nichts als ein Raum wie viele andere, zu wenig, um daraus weiterreichende Schlüsse ziehen zu können. Vielleicht wird einmal eine sorgfältige Durchforschung dieses Baues Klarheit bringen, der auffallenderweise als einzige Anlage aus älterer Zeit im Bereich der Bischofskirche von Salona erhalten blieb, neben der außer dem Baptisterium und einer zweiten großen kreuzförmigen Kirche ausgedehnte Räume für die kirchliche Verwaltung liegen. Warum wurde ausgerechnet ein ehemaliger Thermensaal aus dem zweiten Jahrhundert noch im fünften in der Nachbarschaft der monumentalen Kirchenbauten als Oratorium verwendet? Erst wenn man sich dazu entschlösse, einmal die große Kalksteinplatten aufzuheben, mit denen der Boden des Raumes bedeckt ist, wird man vielleicht Bestimmteres über den Beginn seiner Verwendung für den christlichen Kult erfahren.

Wie die etwa gleichzeitige Kirche von Nikomedeia aussah, mit deren Zerstörung am 23. Februar 303 die letzte große Christenverfolgung begann, wissen wir nicht. Vielleicht war sie schon ein Bau ähnlich den Kirchen von Aquileia (Abb. 9–13), wenn das Wort, mit dem Laktanz ihn charakterisiert, nicht seine Höhe, sondern seine Lage bezeichnen soll. Er schreibt: »Bei Morgengrauen, als es eben hell wurde, begab sich der Gardepräfekt mit den Kommandeuren, ihren Tribunen und den Beamten des Fiskus zu der Kirche. Er ließ ihre Türen schließen, suchte nach dem Götterbild; man fand die heiligen Schriften, verbrannte sie und gab dann den Bau zur allgemeinen Plünderung frei. Man raubte, schuf ein Chaos und machte sich davon.

Die Kaiser auf dem Söller – denn man konnte die Kirche, die auf einer Höhe lag, vom Palast aus sehen – überlegten lange hin und her, ob man sie nicht besser in Brand stecke. Diokletian drang mit seiner Meinung durch. Er wollte verhindern, daß bei einem größeren Brand irgendein Stadtteil gefährdet werde. Denn viele große Häuser umgaben die Kirche von allen Seiten. So rückte denn die Garde in militärischer Ordnung mit Beilen und anderem Gerät an. Von allen Seiten auf diesen hochragenden oder hochgelegenen heiligen Bau losgelassen, machten die Soldaten ihn in wenigen Stunden dem Erdboden gleich.«

Die NORDKIRCHE VON AQUILEIA

Die Billigung des christlichen Kultes durch Maxentius in Italien und Nordafrika ermöglichte es, daß die Gläubigen mindestens seit dem Toleranzedikt des Galerius im Jahre 311, als ihnen die vor der letzten großen Verfolgung ihrem Kult dienenden Gebäude zurückerstattet wurden, vielleicht aber auch schon seit dem Jahre 308, Kirchen errichteten, die nicht den Charakter der römischen Tituli oder der Kirche von Dura hatten, sondern als selbständige Kirchenbauten zu gelten haben.

Dies war in Aquileia der Fall, einer Stadt an der Nordküste der Adria zwischen Venedig und Triest. Nach dem bebauten Areal und dem Lauf der es umschließenden Mauern zu urteilen, muß der Ort, der heute nur aus wenigen Straßenzügen besteht, am Ende des dritten Jahrhunderts ziemlich groß gewesen sein; er dürfte eine bedeutende Christengemeinde gehabt haben, wenn sein Bischof Theodorus, der von 308 bis 319 amtierte, nicht nur sein Bistum, sondern auch die Christen Dalmatiens im Jahre 314 auf der Synode von Arles vertrat. Nach Ausonius soll Aquileia noch am Ende des vierten Jahrhunderts unter den Städten des Römischen Reiches nach Rom, Konstantinopel, Karthago, Antiochia, Alexandria, Trier, Mailand und Capua an Größe die neunte Stelle eingenommen haben; es wäre damals also größer als Athen, Neapel oder Köln gewesen.

Doch schon seit dem achten Jahrhundert dienten die Bauten Aquileias nur noch als Steinbruch, nachem es im Jahre 452 den Hunnen unter Attila gelungen war, die Stadt einzunehmen. Damals flüchteten ihre Bewohner in die im Süden gelegenen Lagunen und ließen sich hier an der Stelle der alten Stapelplätze mit ihren Kaimauern, den Gradus, dem heutigen Grado, nieder. Aquileia selbst, das an einem aus den Alpen kommenden Flüßchen liegt, hatte ja nur einen heute zum Teil wieder freigelegten Flußhafen gehabt, in den die von der See kommenden Schiffe hineingeschleppt wurden. Häufig hatten gerade in der Spätzeit die Kaiser auf ihren Reisen von Westen nach Osten und umgekehrt in der Stadt Station gemacht. In einem Panegyricus auf den Kaiser Maximianus Herculius und auf seinen Schwiegersohn Konstantin wird von einem Palatium in Aquileia gesprochen. In diesem »Palast« hatte im Jahre 307 Konstantin von Fausta, der Tochter Maximians, den kostbaren goldenen Helm erhalten, durch den das Verlöbnis zwischen ihr und dem jungen Kaiser besiegelt wurde; möglicherweise ist es der gleiche Helm, der dann auf den Münzbildern mit dem Christogramm am Vorstoß des Busches erscheint; denn er wird wie dieser beschrieben als mit Gemmen besetzt und mit schönen Federn geschmückt, wie es dann der Helm auf den Münzbildern ist, allerdings nun mit dem Christogramm (Tafel 27 unten). Wo der Palast gelegen hat, entzieht sich unserer Kenntnis. Man hat zwar die Reste einer großen quadratischen Anlage in der durch die Schleife des Flusses geschützten Südostecke der Stadt, in der sich dann später der Palast des Patriarchen befand, mit der kaiserlichen Residenz verbunden, aber in ihnen auch riesige Speicher, sogenannte Horea, erkennen wollen, die hier am Flusse an sich sinnvoll wären. Doch wären solche Bauten natürlich auch zur Verproviantierung eines kaiserlichen Palastes und des sicher nicht geringen Trosses notwendig. Was aber gelegentliche Ausgrabungen zu Tage brachten, ist zu wenig, um eine klare Entscheidung zu treffen. An sich wäre es durchaus verständlich, wenn später dann der Patriarch von Aquileia in dem für seine Zwecke wiederhergestellten und umgebauten Kaiserpalast residierte. Daß er zum mindesten hier seinen Palast hatte, bekunden noch zwei mächtige, aus Blöcken aufgemauerte Pfeiler südlich des Domes, gewiß nicht Reste des antiken Kaiserpalastes, sondern eindeutig Überreste eines monumentalen mittelalterlichen Baues.

Im Jahre 314 und 315 und wieder 318 und 326 hielt Konstantin sich nach der Überlieferung längere Zeit in Aquileia auf; dabei trat er gewiß auch mit dem Bischof in Verbindung, was bedeutsam wurde für die Entwicklung der christlichen Gemeinde in der Stadt, wie es denn auch nicht unwahrscheinlich ist, daß Theodorus auf Veranlassung Konstantins auch Dalmatien auf der Synode von Arles vertrat. Auf jeden Fall müssen Beziehungen zwischen dem Bischof und dem Kaiser bestanden haben.

Doch offenbar schon Maxentius muß der Gemeinde von Aquileia gewogen gewesen sein, nachdem sie kurz zuvor in der diokletianischen Verfolgung schwer heimgesucht worden war; ihr Bischof Chrysogonus hatte damals den Märtyrertod erlitten; gewiß war bei dieser Verfolgung auch ihre Kirche wie die anderer Städte im Reichsteil des Maximianus Herculius, des Mitkaisers Diokletians in der Westhälfte des Reiches, konfisziert, wenn nicht gar zerstört worden.

Von dieser Kirche wissen wir nichts Bestimmtes. Man möchte annehmen, daß sie, so wie die Tituli in Rom, an der gleichen Stelle standen wie die dann über und neben ihnen sich erhebenden Basiliken des vierten und fünften Jahrhunderts, dort lag, wo sich nach dem Toleranzedikt die Bischofskirche Aquileias erhob.

Infolge der Verödung der Stadt nach dem Hunneneinfall aber wissen wir über diesen Bau, welcher der sicher vorhandenen vordiokletianischen Kirche folgte, mehr als selbst über die Kirchen Roms, obwohl auch er schon am Ende des vierten Jahrhunderts durch eine wesentlich größere Kirche ersetzt wurde, die selbst wieder beim Hunneneinfall in der Mitte des fünften Jahrhunderts zerstört wurde. Diese Kirche aus dem Beginn des vierten Jahrhunderts lag an der Stelle des mächtigen Campanile, den der Bischof Poppo nördlich des von ihm erbauten Domes in dem Jahrzehnt zwischen 1021 und 1031 errichten ließ, als er die Residenz des Patriarchen von Cividale nach Aquileia zurückverlegte (Tafel 11, 12). Wenn er seinen Dom in gleicher Orientierung und an der gleichen Stelle erbaute, an der eine offenbar von Konstantin gestiftete Kirche gestanden hatte, so waren deren Reste und die der unmittelbar nördlich von ihr stehenden, etwas älteren Kirche allerdings damals schon nicht mehr sichtbar.

Denn an der Stelle, an der sich am Beginn des vierten Jahrhunderts gleich zwei Kirchen erhoben hatten, die eine im Bereich des Campanile, die andere in dem des popponischen Doms, hatte schon im frühen Mittelalter eine Kirche gestanden. In der Westfassade des popponischen Baues (Tafel 12) sieht man die Reste einer Fassade, die bis in die Zeit nach dem Hunneneinfall zurückreichen könnte; die Vorhalle des popponischen Baues selbst könnte in karolingischer Zeit entstanden sein. Das Taufhaus im Westen, das durch sie mit dem Dom verbunden wird, ist möglicherweise um die Wende vom fünften zum sechsten Jahrhundert errichtet worden, damals als Marcellinus Bischof von Aquileia war. So war die Stätte, an der Poppo den heutigen Dom errichtete, durch die Jahrhunderte im Besitz der Kirche gewesen, und dies wohl nicht erst seit den Tagen des Maxentius und Konstantin. Denn wahrscheinlich hat doch in diesem Gebiet auch die Kirche gestanden, in der die Christen Aquileias im zweiten und dritten Jahrhundert zusammenkamen, ehe die großen Verfolgungen begannen.

Im Jahre 1893 machte man Grabungen im Westen des popponischen Domes, die dann 1909 auch auf das Innere der mittelalterlichen Kirche ausgedehnt wurden. Dabei fand man in ihr etwa einen Meter unter ihrem Estrich den Mosaikboden einer konstantinischen Kirche, der bis auf die Stellen, wo die Fundamente der südlichen Säulenreihe des Domes und einige mittelalterliche Gräber ihn durchstoßen haben, fast unversehrt erhalten geblieben ist (Tafel 13). Man konnte feststellen, daß der Bau Poppos mit seinen Mauern im Westen und Süden auf den Fundamenten und Mauern der konstantinischen Anlage aufsitzt, während seine Nordmauer etwa neuneinhalb Meter weiter nördlich steht. Daher liegen die Reste der Nordmauer der konstantinischen Kirche heute innerhalb des popponischen Domes, während der nach Osten anschließende Chor mit der Krypta außerhalb des Bereichs der konstantinischen Kirche liegt.

Im Jahre 1902 hatte man auch nördlich der popponischen Kirche gegraben, die Grabungen jedoch wieder zugeschüttet, um dann während

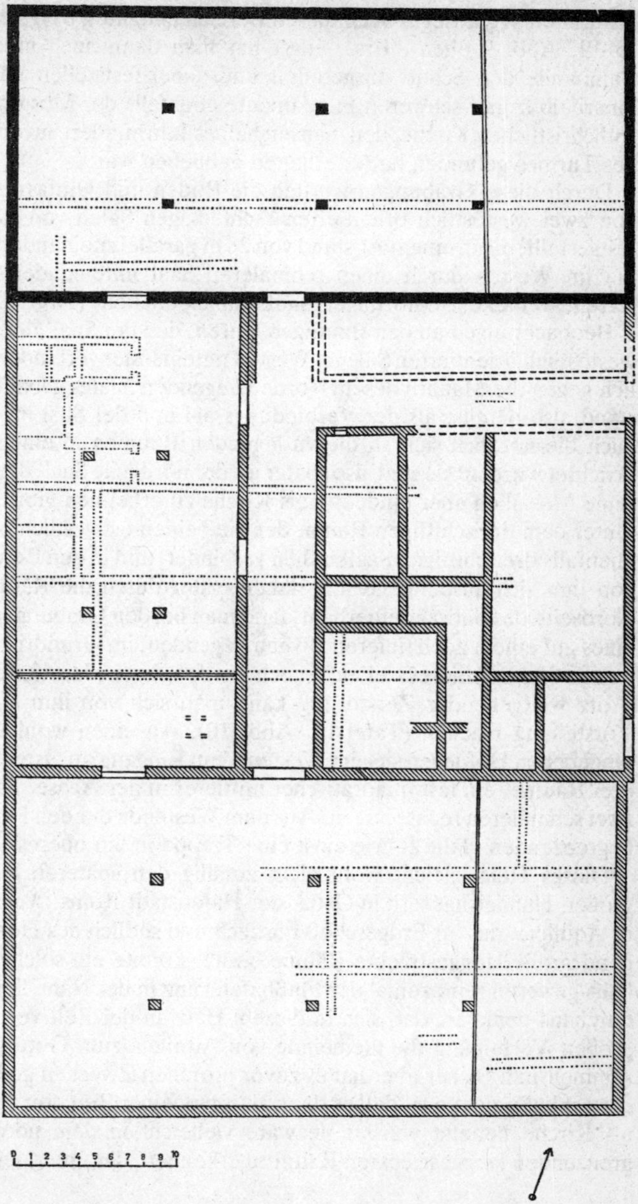

Abb. 9

des Ersten Weltkrieges auch diesen Bereich endgültig freizulegen (Tafel 15–19, Abb. 9 oben). Erst jüngst hat man dann auch innerhalb des Campanile den Schutt ausgeräumt und dabei feststellen können, daß innerhalb seiner schweren Fundamente ebenfalls der Mosaikboden der frühchristlichen Kirche, den man ein halbes Jahrhundert zuvor außerhalb des Turmes gefunden hatte, erhalten geblieben war.

Durch diese Grabungen wurden die Böden und Umfassungsmauern von zwei westöstlich orientierten rechteckigen Sälen von 37 m Länge festgestellt, die in einem Abstand von 28 m parallel zueinander liegen und die im Westen durch einen schmäleren Saal miteinander verbunden waren, so daß ein U-förmiger Baukomplex entsteht (Abb. 9).

Beobachtungen an den Baufugen lehren, daß der Saal, der die beiden westöstlich orientierten Säle im Westen miteinander verbindet, nachträglich gegen die Mauern des im Norden liegenden Saales gebaut ist; dieser stand also bereits, als der Verbindungssaal und der Saal im Süden wie auch die nördlich sich an diesen legenden Räumen in einem Baugang errichtet wurden; sie sind also später als der nördliche Saal, der sich durch seine Mosaiken aber eindeutig als Kirche zu erkennen gibt.
Unter dem dreischiffigen Raum, der die beiden ostwestlich orientierten ebenfalls dreischiffigen Saalkirchen verbindet, und in den Bereich östlich von ihm sich ausdehnend und daher später durch die Räume auf der Nordseite des Südsaals überbaut, fand man bei den Grabungen die Reste eines auf einem noch tieferen Niveau liegenden, im Grundriß annähernd quadratischen Hauses vielleicht noch aus dem ersten Jahrhundert n. Chr. Trotz weitgehender Zerstörung kann man sich von ihm eine gewisse Vorstellung machen (Tafel 14, Abb. 10). An einen wohl von Hallen umgebenen Hof legen sich im Westen, dem Eingang im Osten gegenüber drei Räume, ein fast quadratischer mittlerer in der Achse, flankiert von zwei schmäleren rechteckigen. Aus dem Westende der den Hof im Süden begrenzenden Halle führte einst eine Treppe in ein oberes Stockwerk.

Dieses Haus gleicht wohl nicht zufällig den späteren Horrea, den großen Handelshäusern in Ostia, der Hafenstadt Roms. Auch das Haus in Aquileia, das im Erdgeschoß nördlich und südlich des Hofes anscheinend große langgestreckte Räume besaß, könnte ein solches Handelshaus gewesen sein, zumal der Flußhafen ganz in der Nähe liegt. Es wäre durchaus denkbar, daß sich in diesem Haus in der Zeit vor der letzten großen Verfolgung die Gemeinde von Aquileia zum Gottesdienst versammelt hat. Sicher aber hat es zuvor profanen Zwecken gedient. Doch das schließt nicht aus, daß es dann zu irgendeiner Zeit von den Christen als Kirche benutzt wurde; sie wäre vielleicht in dem nördlich an es grenzenden langgestreckten Raum zu erkennen, der unter der zu Beginn

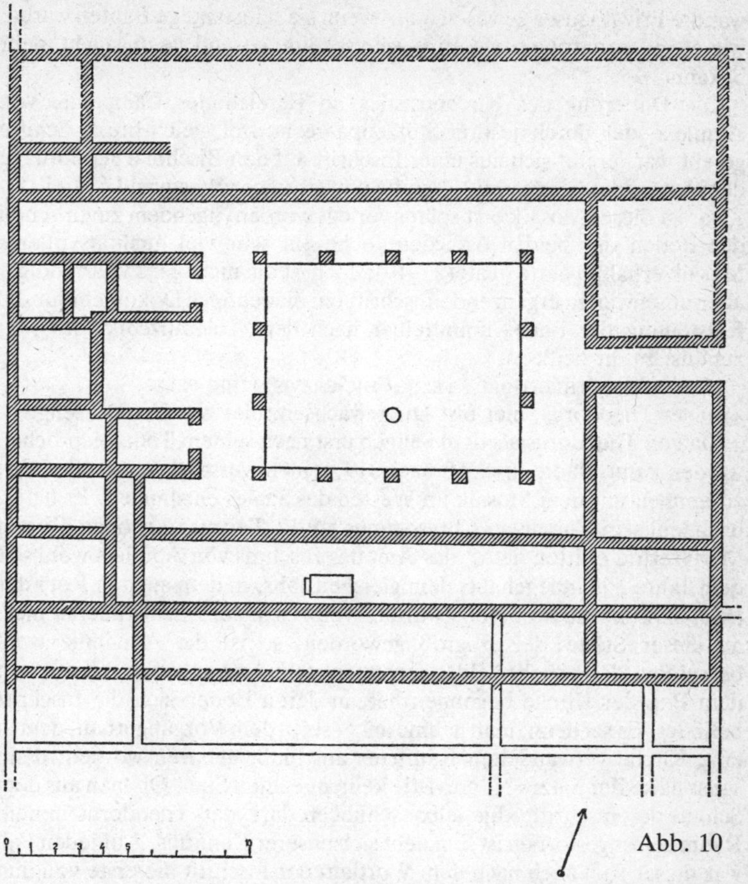

Abb. 10

des vierten Jahrhunderts entstandenen Nordkirche liegt. Möglicherweise wurde sie mit dem Haus während der diokletianischen Verfolgung gewaltsam zerstört.

Unmittelbar nach dem Toleranzedikt des Maxentius für seinen Reichsteil muß aber in Aquileia mit dem Bau einer selbständigen Kirche begonnen worden sein, dem die nördlichen Mauern des zerstörten Handelshauses zum Teil als Fundament gedient haben, ein rechteckiger Saal von 17,25 m Weite und 37,50 m Länge (Abb. 9 oben). Es ist der älteste selbständige Kirchenbau, den wir bis heute wenigstens im Grundriß kennen. Alle älteren Kirchen waren für den christlichen Kult verwandte Privathäuser gewesen oder, wenn sie selbständige Bauten waren, wie es in Nordafrika gewesen zu sein scheint, so sind sie uns nicht mehr bekannt.

Die Datierung des Kirchensaales im Bereich des Campanile von Aquileia, der durch je drei Stützenpaare in drei gleich breite Schiffe geteilt war, ergibt sich aus einer Inschrift auf den Bischof Theodorus in dem Mosaikboden des Mittelschiffs unweit seiner Westwand (Tafel 15). Zwar ist dieses Mosaik erst später verlegt worden, nachdem zuvor schon der Boden der beiden östlichen Joche ein sehr viel qualitätsvolleres Mosaik erhalten hatte (Tafel 17–19); doch ist die nicht ganz vollständige, aber unschwer zu ergänzende Inschrift ein eindeutiges Dokument für die Entstehung des Baues unmittelbar nach dem Toleranzedikt des Maxentius. In ihr heißt es:

(THEOD)ORE / FELIX / HIC CREVISTI /HIC FELIX

»Seliger Theodorus, hier bist Du gewachsen, hier wurdest Du selig.«

Da von Theodorus als dem Seligen erst nach seinem Tode gesprochen werden kann, ist die Inschrift nach 319, seinem vermutlichen Todesjahr, zusammen mit dem Mosaik im Westen des Saales entstanden. Er hatte, nachdem sein Vorgänger Chrysogonus am 17. Februar 304 oder 305 den Märtyrertod erlitten hatte, das Amt des Bischofs von Aquileia wohl seit dem Jahre 308 innegehabt, dem gleichen Jahr, in dem auch in Rom der Bischofsstuhl wieder besetzt wurde. Wenn es in der Inschrift heißt, hier, an dieser Stätte, sei er groß geworden, so ist die Annahme wohl berechtigt, daß er sehr bald, nachdem er sein Amt angetreten hatte, mit dem Bau der Kirche begonnen hat, in deren Boden sich die Inschrift befindet. Es sei denn, man nähme an, er sei in dem Vorgängerbau, dem in eine Kirche verwandelten Kaufhaus am Fluß, geboren worden; denn sonst hätte der Satz: »hic crevisti« keinen rechten Sinn. Ob man aus dem Schluß der Inschrift: »hic felix« schließen darf, daß Theodorus in dem Raum selbst gestorben ist, entzieht sich unserer Kenntnis. Auf jeden Fall war dieser Saal auch nach dem Wortlaut der Inschrift die erste von ihm erbaute Kirche; doch sie war nicht die einzige; denn auch in dem später entstandenen Südsaal findet sich eine Inschrift auf den Felix Theodorus, den also bereits verstorbenen Bischof, mit dem Hinweis, er habe diesen Bau errichtet und geweiht (Tafel 25 oben).

Im Nordsaal, der durch die Stützenpaare in vier gleich breite Abschnitte unterteilt wird (Abb. 9 oben), erhielt zunächst nur die östliche Hälfte einen Mosaikboden, und zwar das östlichste Kompartiment, das von den übrigen Räumen durch eine hölzerne Schranke abgetrennt war (Tafel 18) und in dem der Bischof mit dem Klerus und der Altar ihren Platz hatten (Tafel 19), und das jenseits der Schranke nach Westen schließende Feld. Erst nach dem Tode des Theodorus hat nach einer Inschrift in dem Mosaik des nördlichen Seitenschiffs ein Mann mit Namen Januarius für die westliche Hälfte des Saales den Mosaikboden gestiftet (Tafel 16), der die Inschrift für den seligen Theodorus enthält und durch sie in die Zeit nach dessen Tod datiert ist (Tafel 15). Es war nach der Inschrift mit dem Namen des Stifters eine Fläche von 880 Fuß. Dieser Boden unterscheidet sich in seinem Stil sehr wesentlich von dem der Osthälfte des Saales (Tafel 17–19); er dürfte, nach den erstarrten Formen der in ihm dargestellten Tiere und pflanzlichen Ornamente zu schließen, Arbeitern einer der Werkstätten anvertraut worden sein, die in der Zeit zwischen 320 und 325 die Mosaiken der Südkirche ausführten (Tafel 20 ff.).

Im Unterschied zum Südsaal enthält der Mosaikboden der Nordkirche sowohl in seiner östlichen, um 310 entstandenen Hälfte wie in der etwa anderthalb Jahrzehnte später geschaffenen westlichen Hälfte keine Darstellungen, die auf den christlichen Charakter des Raumes anspielen. In das abstrakte Gefüge von Quadraten, Achtecken, Kreisen, Mandorlen, Vierpassen, Rechtecken und Kreuzen sind neben Fruchtkörben, Stauden, Ranken, lyraförmigen Pflanzengebilden die verschiedensten Tiere eingefügt, Vögel aller Art, Steinböcke, Hasen, Kaninchen, Esel, Widder; selbst ein Hummer, aber auch der Pegasus sind vorhanden. Dagegen fehlt der Fisch, in dem man vielleicht am ehesten das christliche Symbol erkennen könnte. Dennoch kann die Inschrift »Cyriace vibas« neben dem in dem östlichen Kompartiment sich findenden Widder, also in dem Mosaik, das gegen 310 entstand, wohl nur auf einen Märtyrer bezogen werden, der durch diesen Anruf »Cyriacus, du mögest leben« von der Gemeinde und dem Bischof geehrt werden sollte (Tafel 19). Auch das daneben sich findende achtseitige Feld mit der Darstellung des Streites zwischen Schildkröte und Hahn könnte im christlichen Sinne ausgedeutet werden, wie dieses Bild ja dann in dem anderthalb Jahrzehnte später entstandenen Boden der Südkirche mit seinem offenkundig christlichen Programm noch einmal wiederkehrt. Wenn diese Darstellung in dem Nordsaal unmittelbar neben der Stelle erscheint, an welcher der Stuhl des Bischofs stand, so wird man ihr auch hier kaum nur eine dekorative Rolle zusprechen, sondern sie wohl ebenso deuten müssen wie dann das Bild in der Südkirche. Der ungleiche Kampf der beiden Tiere könnte auf den Kampf zwischen Kirche und Staat in der Vergangenheit anspielen. Obwohl sie im Sumpfe lebt, obwohl sie weder Waffe noch Stimme besitzt, hat die Schildkröte durch die göttliche Vorsehung einen starken Panzer, der sie gegen alle Angriffe schützt. Selbst der strahlende Hahn mit seinem prächtigen Gefieder, mit seinem scharfen Schnabel, den Sporen, der hellen Stimme, in seiner Wachsamkeit vielleicht Symbol der staatlichen Macht, kann dem durch den Panzer des Glaubens gesicherten Christen gegenüber nichts bewirken. Er ist der waffenlose Sieger. Daher steht in dem Bilde die Schildkröte links, in der Bewegung des Überlegenen nach rechts; der stolze Hahn dagegen steht auf der Seite des Unterlegenen. So sieht später Basilius der Große in der Schildkröte ein Sinnbild der höheren Ordnung und das Vorbild des christlichen Menschen.

Wenn in den beiden östlichen Kompartimenten des Nordsaals von Aquileia trotz der Cyriacusinschrift und des Mosaiks mit Schildkröte und Hahn offenkundig christliche Darstellungen fehlen (Tafel 17–19), so mag das seinen Grund darin haben, daß man unmittelbar nach dem Abbruch der großen Verfolgung sich zunächst noch scheute, christliche Symbole in den Schmuck des Bodens aufzunehmen; das geschah wohl nicht aus Angst, sondern um zu verhindern, daß sie bei einer doch möglichen neuen Verfolgung durch die Gegner der Kirche profaniert werden könnten. Wenn dann aber, nachdem der Boden der Südkirche ein eindrucksvolles und unverhülltes christliches Programm erhalten hatte, die erst damals entstehenden Mosaiken in der westlichen Hälfte der Nordkirche ebenfalls nur dekorative Motive enthalten ohne einen eindeutigen Hinweis auf den christlichen Kult (Tafel 15, 16), dann könnte man sich fragen, ob das nicht damit zusammenhängt, daß dem Nordsaal, dessen Westhälfte anfangs nur einen einfachen Estrich besessen haben dürfte, nach der Errichtung des Südsaales eine andere Aufgabe zugewiesen wurde; er könnte aus der Kirche des Bischofs, der hier gewachsen war, zu einem Saal für den Unterricht der Katechumenen geworden sein, während der Bischof dann in der Südkirche den eucharistischen Gottesdienst leitete und dort auch seinen Sitz hatte.

Denn daß es sich bei dem Nordsaal um eine Kirche handelte, nunmehr um eine Kirche im eigentlichen Sinne, wußte jeder in Aquileia und konnte auch keinem verborgen bleiben. Selbst heute ist trotz der Zerstörung des Oberbaues und des Einbruchs des Fundamentes für den Campanile in den Boden der christliche Charakter des Saales eindeutig. Dies wird nicht nur durch die Inschrift auf den Bischof Theodorus offenkundig (Tafel 15). Auch die Besonderheiten seiner Einrichtung lassen es erkennen.

So ist vor der Ostwand in der Mitte des Mosaiks, das in seinen achteckigen Feldern neben ornamentalen Motiven den Widder, den Kampf von Schildkröte und Hahn, einen weißen Hasen zeigt, ein trapezförmiges Feld nur mit einfachen diagonal gestellten Kreuzen geschmückt (Tafel 19); es ist ohne Zweifel die Stelle, an der die Kathedra des Bischofs und die Bänke für den übrigen Klerus standen. Man könnte sich fragen, ob die seltsame Form des Feldes nicht damit zusammenhängt, daß die Sitze des Presbyter, gegen den Saal hin geöffnet, um den Thron des Bischofs standen oder ob nicht an dieser Stelle ein um mehrere Stufen erhöhtes hölzernes Podium für den Bischofsstuhl lag, das mit einem Teppich bedeckt war; nicht nur ist schon in der so viel kleineren Kirche von Dura der Stuhl des Priesters auf eine Stufe gestellt; man wird auch berücksichtigen müssen, daß der Bischof während des ganzen Gottesdienstes im Sommer wie im Winter hier sitzen mußte, gewiß kein junger Mann, in einem Saal, der in der Niederung nahe dem Fluß gelegen ist. Ein über einem mehrstufigen Suggestus gebreiteter Teppich nähme auf dem Boden von selbst die Form eines Trapezes an. Er dürfte das gerade an dieser Stelle so auffallend einfache Mosaik bedeckt haben.

Der Platz des Altars vor dem Stuhl des Bischofs ist durch das Fundament des popponischen Campanile zerstört; doch muß auch er innerhalb des östlichen Kompartiments gestanden haben, das einst durch eine hölzerne Schranke von dem übrigen Raum getrennt war (Tafel 18), eine Schranke, wie sie Eusebius von Caesarea dann in der Beschreibung der konstantinischen Kirche von Tyrus erwähnt. Bei den Grabungen in Aquileia fand man eine Leere für dieses Gitter in dem Mosaikboden, die man mit Marmor auslegte. Dazu fand man einen Stein, in den eine Stange eingriff, durch die das Gitter gegen den Saal hin abgestützt war, damit es dem Druck der sich an es Herandrängenden widerstehe. Dieses Gitter, das unmittelbar östlich des ersten Stützenpaares sich als Schranke erhob, trennte den Klerus von der Gemeinde in dem dreischiffigen Raum.

Die sechs Stützen, die diesen in drei gleich weite Schiffe teilen (Abb. 9), waren wohl als Pfeiler aufgemauert, denn das Maß der erhaltenen Standfläche von nur 57 x 62 cm ist zu gering, als daß man etwa Säulen mit ihren Basen ergänzen könnte; zudem wären die Plinthen der Säulenbasen doch wohl quadratisch und nicht rechteckig. Diese Pfeiler müssen ganz schlicht gewesen sein. Sie hatten wohl kaum eine besondere Basis. Auch waren sie sicher nicht durch Bögen in der Längsrichtung des Saales verbunden; denn dann müßte es an der Ost- und Westwand ihnen entsprechende Wandvorlagen oder Pilaster gegeben haben. Die Pfeiler trugen vielmehr zusammen mit den Wänden die flache Decke. Sein Licht erhielt der Raum durch Fenster, die gewiß so hoch lagen, daß man von außen nicht in ihn hineinblicken konnte.

Die Dreischiffigkeit des Saales, der Platz für den Bischofsstuhl vor der Mitte der Ostwand, der vor ihm stehende Altar, die trennende Schranke könnten zu der Annahme führen, daß der gestreckt rechteckige Raum auf seine Längsachse gerichtet gewesen sei, und gewiß spürte man bei den liturgischen Handlungen in dem Gegenüber von Klerus und Gemeinde etwas wie eine Richtungnahme. Doch diese war ausschließlich durch den Kult bedingt. Der Raum selbst war richtungslos; denn der Eingang zu ihm lag nicht, wie man wohl annehmen möchte, in der Mitte der Westseite dem Altar und Bischofssitz gegenüber, sondern ähnlich wie bei der Hauskirche von Dura (Abb. 6) annähernd in der Mitte der Südseite. Daher sind die Mosaiken in den beiden westlichen Kompartimenten auch nicht auf die Ansicht von Westen geordnet, sondern so, daß derjenige, der durch die Tür im Süden den Raum betrat, zu seiner Linken die Bilder »richtig« und nicht auf den Kopf gestellt sehen konnte (Tafel 15). Nur die Inschrift für den Bischof Theodorus fügt sich nicht in diese Anordnung. Sie gehört zu diesem Kirchenraum und dem, der in ihr amtierte. Sie sollte nicht im Vorübergehen gelesen werden.

Der Nordsaal von Aquileia ist, wie gesagt, der erste selbständige Kirchenbau, den wir kennen; als solcher ist er für den christlichen Kult gebaut, der seine Gestalt bestimmt. Er ist von gleicher Einfachheit, wie die sehr viel kleinere Kirche von Dura. Seine Größe entsprach offenbar den Bedürfnissen der Gemeinde, nicht einem Streben nach Monumentalität. Man könnte ihn im Hinblick auf seine Gestalt und die aus dem Erhaltenen noch ablesbare Einrichtung einen reinen Zweckbau nennen. Noch sind die sechs Stützen die notwendigen Träger der Decke; sie gliedern nicht den Raum, auch wenn sie dadurch einen gewissen Rhythmus in den Mosaikboden bringen, daß sich zwischen sie und die Wand im Norden und Süden unterteilende Ornamentbänder spannen, die aber nicht eine Richtung des Raumes auf seine Längsachse unterstützen, sondern ihr eher widersprechen.

Allerdings hat, wenn man den Saal mit dem Raum der Kirche in Dura vergleicht, sich das Gegenüber von Klerus und Gemeinde dadurch verstärkt, daß dieser ihr entgegengewendet hinter einem Gitter seinen Dienst am Altar vollzog (Tafel 18, 19). Im Grunde aber ist dieser Saal nichts anderes als die vergrößerte Kirche von Dura.

DIE SÜDKIRCHE VON AQUILEIA

Bei seinem Aufenthalt in Aquileia im Jahre 314 mag es gewesen sein, daß Konstantin den Bischof Theodorus veranlaßte, südlich der eben erst fertiggestellten Kirche einen zweiten ganz ähnlichen Bau zu errichten; vielleicht daß er ihm das Territorium, das möglicherweise zu dem Bereich der noch weiter südlich gelegenen kaiserlichen Residenz gehörte, geschenkt hat. Daß diese neue Kirche durch den Bischof mit Unterstützung des Kaisers errichtet wurde, lehren eindeutig die Darstellungen ihres noch fast vollständig erhaltenen Mosaikbodens.

Wenn es in der Inschrift auf einem Rundschild in dem Mosaik dieser Kirche heißt, Theodorus habe alles, was ihm übertragen worden sei, mit Hilfe des allmächtigen Gottes und der himmlischen Herde wunderbar gemacht und ruhmvoll geweiht (Tafel 25 oben), dann muß dieser Bau, da Theodorus im Jahre 319 starb, doch wohl bald nach 314 in Angriff genommen worden sein, vielleicht noch, als Konstantin sich in Aquileia befand; wahrscheinlich entstand er zu einer Zeit, als die mit der Lateranskirche in Rom neu aufkommende Form der christlichen Basilika noch nicht das sich dann durchsetzende Vorbild für den Kirchenbau bot; denn seit dem Bestehen der großen römischen Papstkirche (Tafel 35, Abb. 18) ist mit wenigen Ausnahmen die Basilika, das heißt der drei- oder fünfschiffige Raum mit überhöhtem Mittelschiff, für den christlichen Kirchenbau die Norm, auch wenn später noch gerade im Bereich der Adria, vielleicht unter dem Einfluß der Bauten von Aquileia, apsislose Kirchen ebenso wie Doppelkirchen gebaut werden. Denn wenn auch Konstantin bald nach seinem Sieg über Maxentius den Bereich des Laterans dem römischen Bischof zur Verfügung stellte, damit dieser über dem Palast des überwundenen Tyrannen und dem Sitz der Prätorianergarde eine Kirche errichte, so ist der Baubeginn dieser Kirche damit doch keineswegs auf das Jahr 313 festgelegt. Damals diente der Palast auf jeden Fall noch als Tagungsstätte für die Synode, die über den Streit der Anhänger des Donatius und ihrer Gegner zu befinden hatte. Dann aber mußte die Anlage und die Kaserne der Equites singulares, die hier beim kaiserlichen Palast stationiert waren, zunächst einmal niedergelegt werden, ehe man daran gehen konnte, an dieser Stelle eine Kirche zu bauen, deren Weihedatum wir nicht kennen.

Wohl noch ehe die im Lateran zuerst greifbare neue Form der Kirche, die Basilika, Gestalt gewonnen hatte, dürfte daher mit dem Bau der Südkirche von Aquileia begonnen worden sein; sie erhielt die gleiche Gestalt wie die etwa ein Jahrfünft zuvor errichtete Nordkirche (Abb. 9).

Abb. 11

Abb. 12

Wären damals bereits die Pläne für die Lateranskirche bekannt gewesen, die schon durch die Stätte, an der sie errichtet wurde, sich als ein Bau ausweist, der zugleich den Sieg Konstantins feiern sollte, so wäre wohl auch die Südkirche von Aquileia als Basilika gestaltet; denn auch sie verherrlicht wie die Lateranskirche den Sieg und den Sieger.

In einem Abstand von 28 m von der Nordkirche und parallel mit ihr entstand also eine zweite rechteckige Saalkirche von gleicher Länge. Verbunden wurden die beiden Kirchen, wie erwähnt, im Westen durch einen 13 m weiten rechteckigen Saal, der durch zwei Stützenpaare ebenfalls in drei Schiffe geteilt war (Abb. 9). Auch dieser ganz schlichte Saal muß gottesdienstlichen Handlungen gedient haben; denn in etwa sechs Meter Entfernung von seinem Südende findet sich auch in ihm die Einlassung für eine ihn durchquerende Schranke; jenseits dieser Schranke haben sich zudem die Einlassungsspuren für einen steinernen Tisch erhalten, der allerdings an die Seite gerückt ist und daher kaum als Altar im eigentlichen Sinne verwandt wurde. Man könnte annehmen, daß dieser Raum der Darbringung der Gaben für das Liebesmahl, die Agape, diente, vielleicht auch, daß dieses die Gemeinde vereinende Mahl in diesem Raum stattfand.

Der die beiden Kirchen verbindende Saal, der durch zwei Türen von Osten her betreten werden konnte, war jedoch keineswegs ein bloßer Durchgang. Das anzunehmen, verbietet schon die Schranke in ihm. Die beiden westöstlich orientierten Saalkirchen waren vielmehr miteinander durch einen an der Ostseite dieses schmäleren Saales entlangführenden, etwa viereinhalb Meter breiten Korridor verbunden, dessen Boden mit einem zum Teil erhaltenen Mosaik bedeckt war. Seine Tür zur Nordkirche ist zwar durch das Fundament des mittelalterlichen Campanile zerstört, aber aus der geschilderten Anordnung der Mosaikbilder in der Westhälfte der Nordkirche zu erschließen (Tafel 15). Die Tür des Korridors zur Südkirche blieb dagegen erhalten (Tafel 20).

In dem von den drei Sälen im Norden, Westen und Süden umschlossenen Bereich von etwa 28 m Breite und 24 m Tiefe liegen, an die Südkirche angebaut und mit ihr auch eindeutig im Zusammenhang errichtet, verschieden große rechteckige Räume und Korridore (Abb. 9); hier darf man den Wohnsitz des Bischofs und die mit ihm verbundenen Amtsräume für die Verwaltung der Gemeinde vermuten. In einigen von ihnen ist der Boden ebenfalls mit Mosaiken geschmückt. Nördlich von dieser Raumgruppe führt von Osten her ein Gang, dessen Boden im westlichen Teil noch mit Mosaik bedeckt ist, durch eine in der Ostmauer liegende Tür, deren nördliches Gewände erhalten blieb; sie bildete offenbar den einzigen Zugang zu dem Kirchengebäude von Aquileia (Abb. 12).

Auch bei der neu entstehenden Südkirche ist es also wie bei der Nordkirche, daß der Zugang nicht in ihrer Längsachse liegt, sondern annähernd in der Mitte der Nordseite. Ob es zu dem Westsaal zwischen der Nord- und Südkirche von diesem her überhaupt Türen gab, läßt sich nicht mehr ausmachen. Der Zugang zu ihm vom Nordsaal her ist auf jeden Fall erst später in dessen Südmauer eingebrochen.

Daß die Tür vom Korridor östlich des Westsaales der eigentliche und für die Gemeindemitglieder auch wohl einzige Zugang zur Südkirche war, lehrt die Anordnung der Mosaiken in ihr.

Auch dieser Saal ist durch die Stützenpaare in drei Schiffe geteilt (Abb. 9, 13). Sie bestimmen die Gliederung des Mosaiks, mit dem der ganze Boden des Saales bedeckt ist, mit etwa 750 Quadratmetern das größte in sich zusammenhängende Mosaik, das aus dem Altertum erhalten blieb. Doch ist die Gliederung hier anders als im Nordsaal. Nicht nur läuft im Südsaal entlang der Wände eine den ganzen Boden umschließende Akanthusranke. Mit Ausnahme des östlichen Kompartiments mit einer einzigen, in sich zusammenhängenden Darstellung (Tafel 25) sind die neun Felder in dem Raum zudem durch Streifen mit Akanthusranken in der Längs- wie in der Querrichtung unterteilt; so entstehen zehn in sich nach sehr unterschiedlichen Prinzipien komponierte Mosaikteppiche.

Abgesehen von dem nur mit abstraktem Ornament geschmückten Feld in der Südwestecke des Saales enthalten alle anderen Felder Darstellungen, die von einem bestimmten Blickpunkt aus gesehen werden sollten oder aber einer Ordnung auf ein Zentrum unterworfen sind. Sehr bald wird man gewahr, daß der für diese Mosaiken entscheidende Blickpunkt die Tür in der Nordwand des Saales ist. Auf sie sind nicht nur die Mosaiken unmittelbar vor ihr bezogen, sondern im Grunde alle Mosaiken des Raumes (Tafel 20).

So finden sich in den beiden Feldern des westlichen Kompartimentes, dem des Mittelschiffs wie auch dem des nördlichen Seitenschiffs jeweils in der Mitte zwei annähernd quadratische Bilder, im Mittelschiff noch einmal wie in der Nordkirche die Darstellung des Kampfes zwischen Schildkröte und Hahn, im nördlichen Seitenschiff, weitgehend zerstört durch eine in den Boden eingelassene mittelalterliche Grablege, ein Fischfang. Beide Bilder wollen von Norden her gesehen werden, von der Seite, in der die Tür zum Raume liegt, mögen auch bei dem Feld im Nordschiff die übrigen Darstellungen, vor allem vier Frauenköpfe, sich ohne Rücksicht auf diesen Blickpunkt um dieses Mittelbild gruppieren.

Ebenso sind die zehn Tiere in dem Feld des nördlichen Seitenschiffs, das links der Tür in der Nordmauer liegt, so geordnet, daß der Eintretende nicht dadurch verwirrt wird, daß sie für ihn quer oder auf dem Kopf

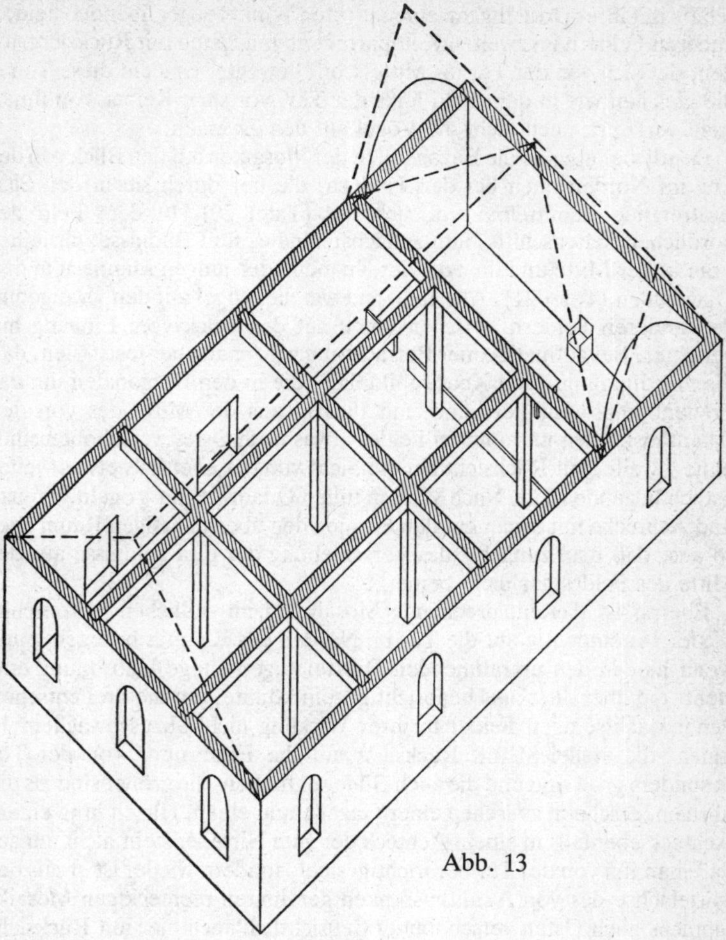

Abb. 13

stehen. Das Gleiche ist bei den einst zwanzig Bildern in dem nach rechts anschließenden Feld des Mittelschiffs der Fall. Bewegt man sich von der Tür in der Nordmauer geradeaus ins Mittelschiff, so sieht man die Bilder zuseiner Linken im Mittelschiff richtig. Keine der Gestalten und keiner der auf den Zweigen hockenden Vögel erscheint so, daß man die Darstellung nicht ihr gemäß sähe. Sicher erfolgte auch die Anordnung der acht Tiere in dem nach rechts anschließenden Feld des südlichen Seitenschiffs mit ihrer Drehung um einen rechten Winkel gegenüber den beiden anderen Feldern im zweiten Kompartiment von Osten mit Rücksicht auf den, der sich von der Tür ins Mittelschiff bewegte. Er sieht diese Tiere, die gleichen wie in dem Feld links der Tür, vor sich. Keines von ihnen steht verkehrt, auch nicht die Vögel auf den Zweigen.

Deutlicher aber ist die Bezogenheit der Mosaiken auf den Blick von der Tür im Norden noch bei den Feldern, die der durch sie in den Saal Eintretende unmittelbar vor sich hat (Tafel 20). In dem Feld des nördlichen Seitenschiffs, ihm zunächst, sind es fünf Bildnisse, das einer Frau in der Mitte und die von vier Knaben oder jungen Männern in den Diagonalen (Tafel 21). Alle fünf sind wie die Vögel auf den Zweigen in den anderen Feldern zwischen ihnen auf den Blick vom Eingang hin gerichtet. Bei aufmerksamer Betrachtung wird man aber feststellen, daß die vier Jünglings- und Knabenbildnisse, die in den Diagonalen um das Frauenbildnis gruppiert sind, mit diesem aus der Mitte des von den Akanthusranken umrahmten Feldes etwas nach Osten verschoben sind, ohne Zweifel mit Rücksicht auf die Sicht von der ebenfalls etwas weiter östlich liegenden Tür. Nach Westen füllen Quadrate mit Vögeln, Kreuze und Achtecke mit ornamentalen Formen den überschüssigen Raum aber so aus, daß man zunächst die Verschiebung der fünf Bildnisse aus der Mitte des Feldes gar nicht bemerkt.

Ebenso ist das entsprechende Mosaikfeld im südlichen Seitenschiff (Tafel 24) eindeutig auf die Tür im Norden des Raumes bezogen, auch wenn hier in den umrahmenden Darstellungen einige Unordnung entsteht, die aber durchaus beabsichtigt sein könnte, um die drei entscheidenden achtseitigen Felder in ihrer Wirkung nicht abzuschwächen. In ihnen, die vielleicht mit Rücksicht auf die Entfernung von der Tür besonders groß sind und die auch Bilder enthalten, die größer sind als die übrigen, erscheint zwischen einer Gazelle und einem Hirsch in je einem Achteck ebenfalls in einem Achteck der gute Hirte; er steht nicht nur so, daß man ihn von der Tür her ›richtig‹ sieht, sondern wieder ist er aus der Mittelachse des von Akanthusranken gerahmten rechteckigen Mosaikteppichs nach Osten verschoben, offensichtlich auch hier mit Rücksicht auf den Eingang in der Nordseite des Saales.

Selbst in dem zwischen den fünf Bildnissen im Norden und dem guten Hirten im Süden liegenden größeren Feld des Mittelschiffs (Tafel 22), in dem sich vier Frauenbüsten und die Büsten der vier Jahreszeiten um ein Männerbildnis gruppieren, wird die von der Tür her den Saal durchquerende Nordsüdachse wirksam. Auch hier ist die um das Männerbildnis konzentrierte Komposition aus der Achse des rechteckigen Feldes nach Osten verschoben, obwohl es gewiß nicht schwer gewesen wäre, die neun

Köpfe, von denen zwei durch die Fundamente für die Säulen des mittelalterlichen Domes zerstört sind, in eine entsprechende Beziehung zum rechteckigen Feld zu bringen. Zwei ganze und drei halbe Medaillons mit Fischen und Vögeln auf Zweigen zwischen ihnen füllen den Raum mit den auf das Männerbildnis in ihrer Mitte geordneten Büsten nach Westen hin so aus, daß man auch hier nicht sofort merkt, daß die ganze Komposition mit Rücksicht auf den Blick von der Tür her eigentlich asymmetrisch ist. Ja, man kann sich fragen, ob der Mann in der Mitte, auch wenn er auf dem Wege des Betrachters ins Mittelschiff von Osten her gesehen sein will, nicht seinen Blick doch gegen die Tür im Norden wendet; es ist so, als kreuzten sich gerade in diesem Kopf die beiden Richtungen, die von der Tür quer durch den Raum laufende Nordsüdachse mit der Längsachse, die durch die Aufgliederung des rechteckigen Raumes in drei Schiffe gegeben ist. Es ist dabei gewiß kein Zufall, daß so das Frauenbildnis im Felde nächst der Tür, das Männerbildnis im Mittelschiff und die Gestalt des guten Hirten im südlichen Seitenschiff auf eine Achse geordnet sind.

Diese Bezogenheit aller Mosaiken des Saales auf den einzigen an der Nordseite gelegenen Eingang ist um so auffälliger (Tafel 20), als der Raum, wenn man seinen Grundriß unabhängig von den Mosaiken betrachtet, zunächst so wirkt, als sei er auf seine Längsachse gerichtet. Er ist um drei Meter breiter als der Nordsaal (Abb. 13). Diese Erweiterung kommt ausschließlich dem Mittelschiff zugute. Die beiden Seitenschiffe des Südsaals haben dieselbe Weite wie die drei unter sich gleichen Schiffe des Nordsaales; nur das Mittelschiff des Südsaales ist um ein Drittel weiter.

Aber diese Erweiterung durchwirkt noch nicht den Raum, der im Westen ja keine dem Mittelschiff entsprechende Tür besaß. Die sechs Stützen gliedern zwar den Boden, aber sie gliedern im eigentlichen Sinne noch nicht den Saal. Die auffallend schlanken Pfeiler tauchen gewissermaßen in die Leere des Raumes (Abb. 13). Sie sind notwendig um den Dachstuhl und die Decke zu unterstützen; sie bestimmen nur ganz verhalten die Ordnung des Saales als Raum. Könnte man jedoch bei der Nordkirche sagen, die Stützen seien etwas wie ein notwendiges Übel, auf das man verzichten würde, wenn ihre Weite sich nicht notwendig gemacht hätte, so ist es bei der Südkirche anders.

Von ihrer Decke haben sich nur geringe Reste erhalten. Die Unterseite der hölzernen Verschalung, die das Balkengefüge des Dachstuhls gegen den Raum unter ihm verkleidete, war mit Kassetten aus Stuck geschmückt, achtseitigen im Wechsel mit quadratischen. Ihre Farben waren hell- und dunkelrot, dazu blau und gelb für die gemalten Eierstäbe der Umrahmungen und die in den Feldern sitzenden Rosetten. Kleinere Fragmente zeigen auch goldgelbe Ranken auf grünem Grund.

Wichtig ist unter diesen Bruchstücken das größte von ihnen. Es wurde nach einem auf der Rückseite angehefteten Zettel auf dem Boden des Saales unmittelbar neben der Inschrift für Theodorus in der Mitte des östlichen Kompartiments gefunden (Tafel 25 oben). Im Unterschied zu allen anderen Fragmenten, die auf einer ebenen Fläche gesessen haben müssen, saß dieses Fragment unter einer sich nach oben wölbenden Holzverschalung. Daher muß die Decke über dem östlichen Kompartiment mit der großen durchgehenden Darstellung der Jonaslegende aus einer quer zum Saale liegenden Halb- oder Flachtonne bestanden haben; das aber heißt, dieses Kompartiment hat sich nicht nur im Bodenmosaik, das ja die ganze Breite des Raumes ohne Unterteilung bedeckt, sondern auch in der Gestaltung der Decke gegenüber dem übrigen Raume abgesondert (Abb. 13). Diese Absonderung wurde noch dadurch verstärkt, daß auch in der Südkirche wie schon in der Nordkirche dieses östliche Kompartiment gegen den Raum durch ein Gitter abgetrennt war; jeweils in der Mitte des nördlichen und südlichen Seitenschiffs besaß es eine Tür, während eine solche im Mittelschiff fehlte.

Daß die Südkirche von Aquileia jünger ist als die Nordkirche, bekunden nicht nur die erwähnten Beobachtungen an den Baufugen, sondern auch die Darstellung im Mosaikboden. Während sich in der Nordkirche nichts findet, was sich ohne weiteres als christlich zu erkennen gäbe, läßt das Bildprogramm der Südkirche keinen Zweifel daran, daß man sich nun seiner Sache sicher fühlte; man durfte überzeugt sein, daß die Verfolgung wirklich ein Ende hatte.

So schmückt das östliche Kompartiment, das durch die Schranke als Raum für Altar und Klerus vom Laienhaus angetrennt war, in seiner ganzen Breite die Darstellung der Errettung des Jonas, die zu gleicher Zeit als Bekundung der glücklich überstandenen Verfolgung auf den christlichen Sakrophagen eine bedeutende Rolle spielt (Tafel 25). In Aquileia ist in einem Mosaik von zwanzig Meter Breite das Thema natürlich weiter ausgesponnen als in den räumlich beschränkten Bildern der Sakrophage. Da wird Jonas von den Schiffern über Bord geworfen und von dem Walfisch verschluckt, um dann von ihm wieder ausgespien zu werden und schließlich in der Kürbislaube den Schlaf des Gerechten zu schlafen. Diese Darstellung aber ist durchsetzt von einem anderen Thema, dem Fischfang. Wenn es zum Teil auch geflügelte Eroten sind, die ihre gefüllten Netze einziehen oder ihre Angel auswerfen, so ist es doch nicht eine Idylle. Dieser Fischfang, der in einem Einzelbild noch einmal in der Nordwestecke des westlichen Kompartiments wiederkehrt, symbolisiert hier wohl den Missionsauftrag der Kirche und die Errettung der Seelen, in dem meernahen Aquileia gewiß nicht zufällig ausgesponnen mit so viel Liebe für das Detail.

Seltsam ist es jedoch, daß die drei immer wieder dargestellten Szenen der Jonasgeschichte, die Verschlingung, die Ausspeiung und der Schlaf in der Kürbislaube, nicht der Dreischiffigkeit des Saales entsprechend verteilt sind, obwohl die Ausspeiung als Bekundung des göttlichen Beistandes sehr wohl ihren Platz in der Mitte des großen Bildes hätte einnehmen können. Die Szene, wie Jonas über Bord geworfen wird und im Bauche des als Seedrachen dargestellten Walfisches verschwindet, steht zwar im nördlichen Seitenschiff (Tafel 25 oben); dagegen sind die Ausspeiung und der Schlaf in der Kürbislaube in das südliche Seitenschiff verwiesen (Tafel 25 unten): in der Mitte aber erscheinen im Boden vor dem Rundschild mit der Inschrift für den Bischof Theodorus gegen die Schranke hin zwei Boote mir fischenden Eroten, während vor der Ostwand des Saales nur die verschiedensten Fische schwimmen (Tafel 25 oben).

Das ist gewiß nicht ein bloßer Zufall. Vielmehr muß vor der Mitte der Ostwand einst wie im Nordsaal der Stuhl des Bischofs gestanden haben und neben ihm die Bänke der Presbyter. Dieser Teil des Mosaiks war also nicht sichtbar, vielleicht war es auch hier durch einen hingebreiteten Teppich verdeckt. Es hätte also keinen Sinn gehabt, hier die entscheidende Szene aus dem Jonaszyklus darzustellen. Kein Mensch hätte sie sehen können, zumal der Altar sie den Blicken derer hätte verbergen müssen, die jenseits der Schranke standen.

Der Altar aber stand unmittelbar über dem Rundschild mit der Inschrift für den Erbauer der Kirche, wie die Beschädigung des Mosaiks an dieser Stelle durch die vier Beine des Tisches noch heute erkennen lassen (Tafel 25 oben). Wenn vor dem Altar zwei Kähne mit fischenden Eroten dargestellt sind und eine größere Fülle von Fischen und anderen Seetieren als an allen anderen Stellen dieses Mosaiks, so mag diese Konzentration eben mit dem Altar zusammenhängen und dem Missionsauftrag an diejenigen, die an ihm das eucharistische Opfer vollzogen.

Noch deutlicher als im Jonasmosaik ist das Bewußtsein des Sieges und der überstandenen Gefahr in dem quadratischen Bild, das die Mitte des nach Westen anschließenden Mosaikfeldes im Mittelschiff einnimmt (Tafel 23). Eine Victoria mit Kranz und Palmenzweig steht zwischen einem Korb mit Broten oder auch Früchten und einem Gefäß, das später durch den an diese Stelle versetzten Altar oder einen Ambon beschädigt wurde. Vielleicht war es ein Krug, möglicherweise aber auch ein zweiter Korb, in dem sich, nach einem spärlichen Rest von Grannen neben dem linken Arm der Siegesgöttin zu schließen, vielleicht Ähren befanden. Dieses Bild, das man kaum zu recht als Triumph der Eucharistie gedeutet hat, da man das zerstörte Gefäß für einen Krug mit Weintrauben hielt, ist rings umgeben von achtseitigen Feldern; mit ihnen erscheinen außer Vögeln Männer und Frauen mit Trauben, anderen Früchten in Körben, Rosen, aus Blüten geflochtenen Girlanden.

Als man noch im Mittelbild den Triumph der Eucharistie erkennen wollte, brachte man diese Gestalten mit dem Offertorium in Verbindung; ihre Gaben, so nahm man an, sollten dann beim gemeinsamen Liebesmahl, der Agape, verteilt werden; doch widerspricht dem unter anderem jenes Mädchen, das einen Vogel auffliegen läßt. Da sich dieses Bild in einem Kalender vom Jahre 354 wiederholt, wo es als Februar bezeichnet wird, handelt es sich doch wohl um eine Personifikation eben dieses Monats; so lassen sich auch die anderen Gestalten rings um das Mittelbild viel eher als Monatsbilder verstehen. Diese in Aquileia um die Siegesgöttin zu versammeln, versteht sich aus der allgemeinen Triumphalsymbolik der Kaiserzeit; so erscheinen beispielsweise in den Zwickeln über den Archivolten der Triumphbögen unter den Victorien die Persifikationen der Jahreszeiten. Ihren Sinn erfahren diese Darstellungen durch die Beischriften auf Münzen gerade der konstantinischen Zeit, die ganz allgemein sich auf die »Felicitas temporum« beziehen, die durch die Siegeskraft des Kaisers gewährleistet ist. Gerade in der Zeit, in der die Mosaiken der Südkirche von Aquileia entstanden sind, werden die Siegesgöttin und die Personifikationen des allgemeinen Glücks auf konstantinischen Goldmünzen gekoppelt, wie vielleicht auch in dem Mosaik der Südkirche von Aquileia die über den ganzen Boden verstreuten Vögel auf den Fruchtzweigen den Frieden und das Glück symbolisieren sollen, die der Kaiser durch seinen Sieg und seine Herrschaft gewährleistet.

Wie man die Tiere in den beiden Mosaikfeldern der Seitenschiffe links und rechts des Kompartiments mit der Siegesgöttin zu deuten hat, läßt sich nicht sagen. Gewiß sind auch sie mehr als bloßer Schmuck. Handelt es sich bei ihrer Friedfertigkeit um eine Anspielung auf das Paradies, auf das sich auch Reste der Malereien an den Wänden beziehen lassen, oder ist ganz allgemein in der Ruhe der Tiere der Frieden als solcher symbolisiert? Die Antwort muß einstweilen offen bleiben.

Kaum aber sind die Gazellen und der Hirsch neben dem Mosaikbild mit dem Hirten, das dem Eingang gegenüber im südlichen Seitenschiff liegt, nur eine gedankenlose Flankierung des achtseitigen Feldes zwischen ihnen (Tafel 24). Auch wenn die Gestalt des Hirten, der das Lamm auf seine Schulter gelegt hat, nicht unbedingt Christus darstellen muß, symbolisiert sie doch wohl zu der Zeit, in der das Mosaik entstand, und an dem Ort, an dem sich die Gestalt befindet, etwas von dem, was der Christ durch sie erfährt: Fürsorge und Rettung. Ist dieser Hirte nicht doch jener Hirte, von dem es im 23. Psalm heißt, daß er seine Herde nicht Mangel leiden läßt, und dem Jesus selbst sich im Johannesevangelium vergleicht als dem Hirten, der sein Leben für die Schafe läßt und der die Seinen kennt? Diese Vermutung ist um so eher berechtigt, als es in der Inschrift auf den Bischof Theodorus heißt, er habe alles gut geschaffen und ruhmvoll geweiht mit Hilfe des allmächtigen Gottes und der himmlischen Herde. Wenn es aber eine solche Herde gab, gab es dann nicht auch den himmlischen Hirten?

Wer aber sind die Seinen? – Gewiß alle Christen und insbesondere die der Gemeinde von Aquileia. Doch kann man sich fragen, ob das Bild des guten Hirten in Aquileia nicht mit Absicht gerade für den, der die Kirche von Norden her durch die Tür betritt, über den Bildnissen im Mosaikfeld des Mittelschiffs und denen in dem Mosaikfeld unmittelbar vor der Tür steht (Tafel 20). Sind sie hier im besonderen als die Seinen anzusehen? Sind sie vielleicht diejenigen, die in der Inschrift auf den Bischof Theodorus als die Herde vom Himmel her bezeichnet werden, die ihm half, sein Werk zu vollenden, und wer sind sie?

Man hat sie als Märtyrer angesehen, aber auch als Stifter. Doch Märtyrer würden wohl irgendwie durch den Kranz oder die Palme ausgezeichnet sein, nicht aber durch hohe Rangabzeichen. So trägt der Mann die kontabulierte, mit Purpurstreifen besetzte Toga, die eigentlich nur einem Kaiser zukommt (Tafel 22, 41). Sein Bildnis im Mittelschiff ist nach Osten gegen den Altar und die Siegesgöttin gekehrt; sein Blick aber wendet sich jenen zu, die in dem Feld vor der Tür dargestellt sind (Tafel 21, 43): zwei dunkelhaarige Knaben in einer kostbaren goldglänzenden Paenula, ein blonder Jüngling in goldfarbener Tunika mit einem senkrechten Balken und dem blau gefärbten Paludamentum und ein vierter Knabe, der wie der Mann im Mittelschiff die kontabulierte, das heißt gefältete Toga des hohen Beamten trägt, jedoch nicht wie jener mit zwei, sondern nur mit einem senkrechten roten Balken. Diese vier Bildnisse umgeben das Bild einer Frau, die unter einem goldfarbenen Schleier im Haar ein goldenes Diadem trägt, das mit sieben goldenen Knöpfen besetzt ist (Tafel 42), ein Schmuck, den sicher nicht eine Märtyrerin trug; es ist vielmehr die Stephane, die der Kaiserin vorbehalten war und niemandem sonst. Stephane und Schleier tragen zum Beispiel die beiden Frauen, deren Bildnisse zwischen 316 und 326 auf die Decke eines Kaiserpalastes in Trier gemalt wurden, zur gleichen Zeit also, als die Mosaiken in der Südkirche von Aquileia entstanden. Wenn aber in dem

Mosaik von Aquileia eine Kaiserin zu erkennen ist, dann darf man vermuten, daß es sich bei den vier Bildnissen, die sie umgeben, um Prinzen handelt. Dann aber muß man auch annehmen, daß derjenige, der im Mittelschiff in der purpurverbrämten Toga des hohen Beamten erscheint, ein Kaiser ist (Tafel 22, 41). Daß er in der Tat nur ein Kaiser sein kann, geht auch daraus hervor, daß sein Kopf in den Diagonalen von den Büsten der vier Jahreszeiten umgeben ist, von denen die des Frühlings mit dem Blütenkranz und die des Sommers mit dem Ährenkranz erhalten blieben, während die des Herbstes und des Winters durch die Fundamente für die Säulen des mittelalterlichen Domes zerstört wurden. Kein gewöhnlicher Sterblicher aber konnte sich anmaßen, daß sein Bildnis zwischen den vier Jahreszeiten erschien, die in der kaiserlichen Triumphalsymbolik wie auf Münzen mit dem Bildnis des Kaisers die Felicitas temporum symbolisieren, Ausdruck des glückbringenden kaiserlichen Regimentes. In diesem Mann aber einen Kaiser zu erkennen, verlangt auch die Victoria vor ihm im Mittelschiff wie die sie umgebenden Gestalten, die ebenfalls die Felicitas temporum zum Ausdruck bringen, die er und sein Sieg garantieren (Tafel 23).

Wenn aber in den Bildnissen die Mitglieder der kaiserlichen Familie dargestellt sind, dann kann, da die Mosaiken der Südkirche von Aquileia durch die Inschrift für den 319 verstorbenen Bischof Theodorus datiert werden, in dem Kaiser nur Konstantin erkannt werden, in der Kaiserin seine Gemahlin Fausta, mit der er sich einst in Aquileia verlobt hatte; die sie umgebenden Bildnisse sind die seiner vier Söhne, das des Crispus, des Constantius, des Constans und des Constantinus.

Im Jahre 326, als Konstantin der Große sich längere Zeit in Aquileia aufhielt, bekleidete er zusammen mit seinem Sohn Constantius, der 317 geboren und 324 zum Caesar ernannt worden war, das Konsulat; daher trägt der eine Knabe, in dem Constantius zu erkennen wäre und dessen Bildnis unmittelbar vor der Tür steht (Tafel 43: 3), nicht wie seine Brüder Constantinus und Constans die Paenula (Tafel 43: 1, 2), einen mantelartigen Umhang, sondern die sorgsam gefaltete Toga des hohen Beamten. Crispus dagegen erscheint in dem kaiserlichen Dienstkostüm des hohen Offiziers, in der goldfarbenen Tunika und dem blauen Paludamentum, dem Feldherrenmantel (Tafel 43: 4).

Wahrscheinlich aber wurden die Mosaiken der Südkirche von Aquileia nicht erst im Jahre 326 geschaffen, sondern schon im Jahr zuvor, als man wußte, daß Constantius im folgenden Jahre mit seinem Vater das Konsulat bekleiden würde; denn meistens im Neujahr wurde bereits bestimmt, wer im folgenden Jahre das Amt des Konsuls übernehmen sollte. Zu der Annahme, daß das Mosaik bereits 325 entstand, zwingt zudem die Tatsache, daß schon im Frühjahr 326 Crispus und kurz darauf seine Stiefmutter Fausta angeblich auf Veranlassung Konstantins wegen Ehebruchs getötet wurden.

In den beiden jugendlichen Frauenköpfen, die in der Querachse zu dem Bildnis Konstantins gestellt sind (Tafel 22), wird man am ehesten seine beiden Töchter aus seiner ersten Ehe, Constantia und Helena, erkennen (Tafel 44: 3, 4), während das ganz junge Mädchen in einem besonders reich geschmückten Gewand oberhalb seines Hauptes wohl Helena, seine Schwiegertochter, die Gemahlin des Crispus, ist (Tafel 44: 2). Die den Schleier tragende Matrone mit dem ergrauten Haar unterhalb des Kaisers dürfte Helena, seine Mutter sein, die er im Jahre 324 zusammen mit seiner Gemahlin zur Augusta erhoben hatte und die als solche vielleicht wie Fausta unter den Frauen eben durch den Schleier ausgezeichnet war (Tafel 44: 1).

In den vier Frauenköpfen, die miteinander das Bild mit dem Fischzug in der Nordwestecke des Raumes umgeben, könnten weitere Damen des kaiserlichen Hauses dargestellt sein, unter anderem seine drei Stiefschwestern Flavia Constantia, Anastasia und Eutropia. Alle vier Frauen in höherem Alter; alle vier tragen ein Gewand, das mit Purpurbalken besetzt ist, und um den Hals die Bulla, eine amulettartige Kapsel.

Man kann gegen diese Deutung der Bilder nicht einwenden, daß es nicht angängig sei, das Bildnis des Kaisers, seiner Gemahlin und seiner Söhne in ein Bodenmosaik einzufügen, auf das jeder gewöhnliche Sterbliche mit seinen Füßen treten konnte. Doch wenn sich auch die Gestalt des guten Hirten in diesem Boden findet (Tafel 24), dann verliert ein solcher Einwand sein Gewicht. Zudem hatte sich kurz vorher der Kaiser Maxentius in dem Bodenmosaik seiner Villa bei Piazza Armerina auf Sizilien darstellen lassen, dazu außer seinem Vater, dem Kaiser Maximianus Herculius, auch seine Gemahlin und seine beiden Söhne. Kurz darauf aber wird in dem englischen Dorf Hinton St. Mary in Dorset der Boden einer römischen Villa mit einem Mosaik geschmückt, das in einem Medaillon, umgeben von den Personifikationen der Jahreszeiten, die Büste Christi mit einem großen Christogramm hiter dem Kopfe zeigt.

Es ist, nach dem Bodenmosaik der Südkirche von Aquileia zu schließen, mehr als wahrscheinlich, daß Konstantin, als im Jahr 314 anläßlich seines Aufenthaltes in Aquileia dieser Bau begonnen wurde, nicht nur die Kosten für den dereinstigen Mosaikboden übernahm, sondern daß er überhaupt diese Kirche gestiftet hat, die wie dann die Lateranskirche seinen Sieg und ihn als Sieger feiert. Wie weit er selbst darauf Einfluß genommen hat, daß sein Bildnis und die Bildnisse der kaiserlichen Familie in das Programm ihrer Ausschmückung übernommen wurden, entzieht sich unserer Kenntnis. Doch könnte man sich fragen, ob all das, was nach der Inschrift dem Bischof Theodorus aufgetragen war und was er gut gemacht und ruhmvoll geweiht hat, nicht eben dieser vom Kaiser unterstützte Kirchenbau ist, in dem sich die Inschrift und die Bildnisse der kaiserlichen Familie befinden. Gerade wenn Konstantin selbst das Werk des Theodorus unterstützte, wird es verständlich, daß man nunmehr getrost der Komposition des Mosaikbodens ein eindeutiges christliches Programm unterlegte, wie man ja auch durch die Bildnisse der kaiserlichen Familie in dem Boden dieser nicht nur den gebührenden Dank als den Stiftern der Kirche abstattete, sondern sich auch ihres künftigen Schutzes versicherte; denn im Jahre 324 war auch der letzte Gegner des Christentums, der Kaiser Lincinius, bei Chrysopolis geschlagen worden und im Jahre 325 fand das große Konzil von Nicaea statt in Gegenwart des allerchristlichsten Alleinherrschers Konstantin.

Bedeutsam für die Geschichte des Kirchenbaues aber ist es, daß, auch wenn in der Südkirche von Aquileia das Mittelschiff klarer herausgearbeitet ist, indem durch die Folge von Bischofsstuhl, Altar, der Darstellungen der Victoria und des Kaisers die Längsachse des Raumes betont wird, sie dennoch mit ihren sechs weit gestellten Stützen im Grunde noch wie die nördliche Saalkirche richtungslos ist (Abb. 9, 13); gerade das Programm und die Anordnung ihrer Mosaiken mit den Bildnissen der kaiserlichen Familie unter der Gestalt des guten Hirten in der Querachse lassen das deutlich werden, auch wenn sich im kultischen Geschehen Klerus und Gemeinde in ihrer Wendung auf den zwischen ihnen stehenden Altar auf die Längsachse des Raumes ordnen.

Mögen sie auch zehnmal so groß sein wie die bescheidene Kirche von Dura, so haben die beiden Säle von Aquileia (Abb. 9), die frühesten faßbaren selbständigen Kirchenbauten, letzten Endes doch die gleiche Form wie die älteste uns bekannte Kirche am Westufer des Euphrat, die noch wie die Titelkirche Roms in einem Privathaus eingerichtet war. Es scheint fast so, als hätten landschaftliche Unterschiede, die sich später dann sehr bald im Kirchenbau des Ostens und des Westens ausbilden sollten, noch keine Bedeutung. Entscheidend ist zunächst einzig und allein der Kult in diesen Räumen; ihm ist alles andere untergeordnet.

Auch wenn schon die Bäume des Hauses in Dura endgültig der profanen Benutzung entzogen waren (Tafel 6, 7, Abb. 5–7), so waren sie doch nur für den christlichen Kult eingerichtete Zimmer. Die Säle von Aquileia dagegen sind für den Gottesdienst und nur für ihn erbaut (Tafel 15 ff., Abb. 9 ff.).

Noch ist der Raum der Kirche auch in Aquileia ein einfacher rechteckiger Saal ohne eine besondere Ausnischung etwa für den Platz des Bischofs und der Presbyter; doch schon ist der Altar nicht mehr ein einfacher Tisch. Seine Spuren im Südsaal von Aquileia über der Inschrift für Theodorus (Tafel 25 oben) lassen erkennen, daß er, selbst wenn er auf das Mosaik gestellt und nicht in dieses eingelassen war, wohl unverrückbar war. Er dürfte, wie offenbar der Tisch im Westsaal, bereits aus Stein gewesen sein. Andernfalls wären die Beschädigungen in dem Mosaik, die durch seine Schwere entstanden sein dürften, kaum zu erklären.

Doch in Aquileia wie in Dura liegt die Tür an der Langseite des Raumes; hier wie dort fehlt trotz des Gegenübers von Gemeinde und Klerus in ihrer Beziehung auf den zwischen ihnen stehenden Altar etwas wie eine Richtung in der Gestaltung des Raumes. Die Richtungnahme ist in den Menschen, nicht im Raum als solchem. In der Südkirche von Aquileia kündet sie sich nur in der Gestaltung des Saales mit der Erweiterung des Mittelschiffs verhalten an (Abb. 13); die Mosaiken dagegen, die als letzte in ihm entstanden, unterstützen sie noch nicht; sie sind auf die sich in der Mitte durchkreuzenden Achsen der Längsrichtung und der Querrichtung geordnet (Tafel 20 ff.); auch die Lichtverhältnisse in dem Saal, der wahrscheinlich nur auf seiner Südseite Fenster hatte (Abb. 11, 12), auf der Nordseite wegen der sich hier anschließenden Räume dagegen nicht, lassen ihn selbst als richtungslos erscheinen.

Die Gemeinde von Aquileia mag, nach den Maßen der Kirchen zu schließen, mehr als zehnmal so groß gewesen sein wie die der Karawanenstadt am Euphrat. Wie aber war es, wenn die Zahl der Gläubigen etwa in einer Stadt wie Rom die der Gemeinde von Aquileia um ein Vielfaches übertraf? Eine Vergrößerung der Säle von der Art der Kirchen in Aquileia ist nicht nur begrenzt; es fehlt ihnen trotz ihrer beachtlichen Ausmaße jede Monumentalität im eigentlichen Sinne. Die Räume in Aquileia waren wohl kaum sehr viel höher als zehn Meter (Abb. 13); ihre Höhe würde dann etwa der Hälfte ihrer Weite entsprochen haben. An sich wäre es wohl möglich, auch einen Saal von der Art der Kirchen in Aquileia einer größeren Gemeinde entsprechend zu vergrößern; man hätte ihm anstelle der zwei Reihen von Stützen vier und mehr geben können, obwohl diese ja nicht nur die Decke, sondern auch den Dachstuhl zu tragen hätten, der natürlich mit einer wesentlichen Vergrößerung des Raumes ein ganz erhebliches Gewicht erhielte. Doch lehren die Säulenwälder der Moscheen, daß so etwas möglich wäre.

Als fünfschiffige Räume aber müßten derartige Säle seltsam wirken; denn je weiter sie würden, desto ungünstiger müßte, da die Fenster ja in den Außenwänden liegen müßten, die Beleuchtung der Saalmitte werden. Während die Randzonen eines fünfschiffigen, vielleicht auch siebenschiffigen Saales gewiß genügend Licht hätten, läge das Mittelschiff, in dem Bischof und Altar ihren Platz hatten und in das die Gemeinde sich während des Gottesdienstes drängte, mehr oder weniger im Dunkel. Das würde sich noch verstärken, wenn wie im Norden der Südkirche von Aquileia andere Bauten sich an einen solchen Saal legten, die Fenster unmöglich machen würden.

Sowohl praktisch wie künstlerisch war also eine beliebige Vergrößerung des Raumes von der Art der Kirchen in Aquileia ungünstig, selbst wenn nicht künstlerische Gesichtspunkte ihre Gestaltung bestimmten, sondern die Erfordernisse des Kults.

Dennoch muß sich gerade im Kult mit dem endgültigen Sieg der Kirche über ihre Verfolger Wesentliches gewandelt haben; im besonderen Maße muß das in der Hauptstadt des Reiches der Fall gewesen sein, wo der Bischof, auch wenn er nur als der Erste unter seinesgleichen in den anderen Städten galt, schon durch die Gunstbezeugungen des Kaisers einen besonderen Rang einnahm.

Das war nicht nur darin zum Ausdruck gekommen, daß Konstantin dem Bischof Miltiades unmittelbar nach dem Sieg an der milvischen Brücke den großen Palast seines Gegners zum Bau einer Kirche an dieser Stätte schenkte, in dem selbst noch im Jahre 313 die erste große Synode stattfand. Auch wenn in dieser Versammlung von neununddreißig Bischöfen der Kaiser selbst den Vorsitz hatte, so war die Stätte der Zusammenkunft doch der Sitz des römischen Bischofs. Als dann im Jahr darauf die zweite Synode in Arles zusammentrat, blieb ihr der römische

Bischof zwar fern, doch wurde ihm als dem Ersten unter den Bischöfen und als dem Nachfolger der Apostel, die in Rom den Märtyrertod erlitten hatten, über die Verhandlungen ausführlich Bericht erstattet. Unwillkürlich mußte gerade in Rom die Kirche als Institution, aber auch als Bau nach dem Aufhören der Verfolgung schon durch das Mitwirken des Kaisers sich wandeln.

Um diese Zeit wird es auch gewesen sein, daß am Gewande der Kleriker gewisse Rangabzeichen angebracht wurden, wie sich solche schon in den Gemälden der Katakomben ankündigten, wenn sie auch erst im sechsten Jahrhundert, etwa in den Mosaiken von Ravenna, wirklich greifbar werden; wenn allerdings die Gewänder der Apostel oder anderer priesterlicher Gestalten des Alten oder Neuen Testaments, etwa in den Mosaiken von Santa Constanza (um 335), Santa Pudenziana (384–399) oder Santa Maria Maggiore in Rom (432–440), solche Rangabzeichen aufweisen, so darf man daraus vielleicht keine allzu weittragenden Schlüsse auf die Kleidung der Priester ziehen. Doch schon im Jahre 265 hatte ja der Bischof von Antiochia, Paulus von Samosate, für die Ausgestaltung seines Amtssitzes Räume und Einrichtungen gefordert, die als solche unwirksam gewesen wären, wenn er sich nicht auch durch seine Gewandung ausgezeichnet hätte. Seine Ansprüche waren die eines hohen Magistrats gewesen.

Räume wie die beiden Säle von Aquileia (Abb. 9 ff.) boten gewiß keine Möglichkeiten zu wirklicher Monumentalität, wie sie eine vom Kaiser gestiftete Kirche für die Hauptstadt des Reiches forderte, zumal sie, die dann dem Christus Salvator geweiht wurde, sich wie ein Siegesdenkmal über der Stätte erheben sollte, an welcher der überwundene Tyrann residiert hatte. Eine Kirche, die gewissermaßen dem Triumph über Maxentius und seine Schar dienen sollte, den Konstantin selbst trotz des ihm errichteten Ehrenbogens (Tafel 27) nach der Schlacht an der milvischen Brücke nicht gefeiert hat, mußte anders aussehen als die von dem Kaiser gestiftete Südhalle von Aquileia; sie sollte nicht nur das Andenken an den Gegner auslöschen, sondern mehr noch den Ruhm seines Überwinders und des Retters der Christen verkünden; so trug sie denn, nachdem sie dem Christus Salvator geweiht war, auch den Namen ihres Stifters und hieß im Volk dann auch offiziell Basilica Constantiniana. Bei ihrer Größe als Kirche des Bischofs von Rom, aber auch bei dem Anspruch als Siegesdenkmal zu gelten, wurde es notwendig, eine neue Form des Raumes zu schaffen; denn das mußte auch bei diesem Bau das eigentliche Anliegen sein: der Raum als solcher, nicht so sehr seine äußere Erscheinung.

Allerdings ist dieser erste Monumentalbau der christlichen Kirche, der

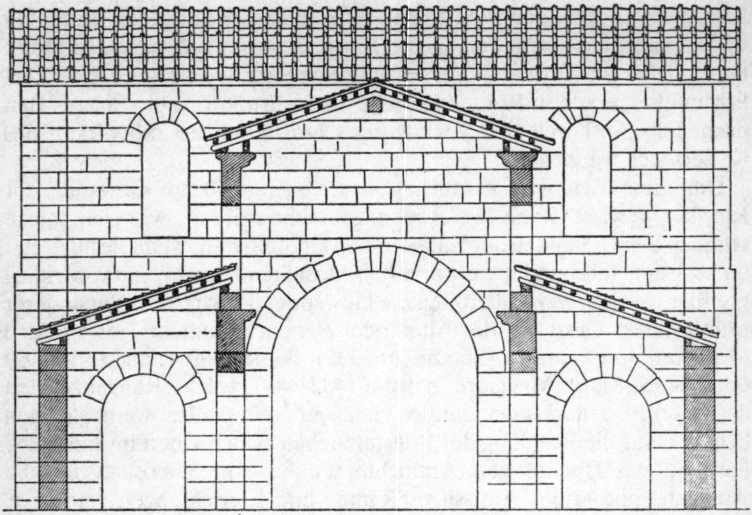

Abb. 14

noch bis in die Mitte des 17. Jahrhunderts manches von seinem ursprünglichen Charakter bewahrt hatte, mögen auch in der Gotik sehr wesentliche Veränderungen vorgenommen sein, in den Jahren 1645 bis 1652 durch Francesco Borromini umgebaut worden; so kann man heute von seiner einstigen Gestalt nur noch schwer einen Eindruck gewinnen. Doch hat wenige Jahre darauf Philippo Gagliardi in der Kirche San Martino ai Monti, die damals errichtet wurde, das Innere der Lateranskirche in einem Fresko dargestellt (Tafel 35). Auch haben größere und kleinere Grabungen wie Untersuchungen des Mauerwerks manche Aufschlüsse geben können. Dazu gibt es eine Reihe von Skizzen des 16. und 17. Jahrhunderts, auf denen auch der Außenbau erscheint, so daß man sich eine ungefähre Vorstellung von der alten Papstkirche Roms machen kann, der »Mater omnium ecclesiarum«.

Die Gestaltung der römischen Kirche, deren Laienhaus schon bei einer Länge von 75,50 m 53,75 m weit war, bewältigte der uns nicht bekannte Architekt künstlerisch und praktisch durch Übernahme und Verwandlung eines Bautypus, der seit Jahrhunderten für mehrschiffige Hallenanlagen üblich gewesen sein muß, auch wenn diese bei der Leichtigkeit ihrer Bauweise heute kaum noch stehen. Es ist die sogenannte Basilika.

Es kann hier nicht der Ort sein, die alte Diskussion neu zu entfachen,

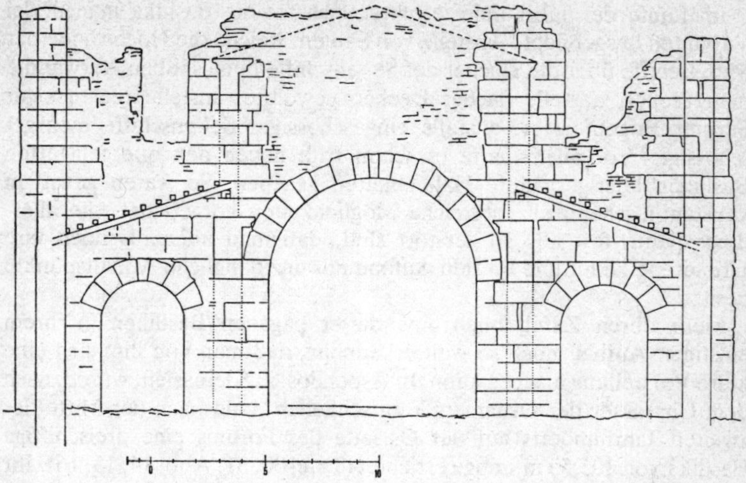

Abb. 15

was eigentlich die Basilika als solche einmal war. Hier geht es um die Form des Baues, den die Zeitgenossen als Basilika unabhängig von der Bedeutung des Wortes bezeichneten: einen mehrschiffigen Saal, dessen Mittelschiff sich, durch Fenster erhellt, mit seinem Obergaden über die sich an es legenden Pultdächer der niedrigeren Seitenschiffe erhebt.

Daß in konstantinischer Zeit mit dem Wort Basilika, Königshalle, sein ursprünglicher, möglicherweise inzwischen vergessener Sinn wieder verbunden wurde, könnte man daraus schließen, daß es in einer Erklärung dessen, was eine Basilika sei, heißt, sie sei ein Dominicum, ein Sitz des Herrn.

Basilikale Raumformen scheint es schon zu Beginn des ersten Jahrhunderts v. Chr. gegeben zu haben; unterhalb des Fortunaheiligtums von Praeneste stand nach noch erhaltenen Resten offenbar ein solcher Bau, wie auch ein wohl repräsentativen Zwecken dienender Pfeilersaal in der Hadriansvilla von Tivoli nur als basikaler Raum ergänzt werden kann. Bei einem Hause des ersten Jahrhunderts n. Chr. in Heraculaneum (Tafel 29) hatte man, um das zwischen anderen Räume liegende Tablinum erhellen zu können, die Mitte der Decke höher gelegt und in den Wänden, die diesen Teil des Daches trugen, große rechteckige Fenster angebracht, so daß ein basikaler Raum entsteht.

Im Laufe der Jahrhunderte hatten sich für die Basilika mancherlei Varianten ausgebildet. Anstelle von Säulen, welche die Hochwände der Mittelschiffe über die Dächer der Seitenschiffe hinaushoben, verwandte man Pfeiler, anstelle flacher Decken gewölbte, anstelle rechteckiger Fenster Bogenfenster, anstelle eingeschossiger Seitenschiffe mehrgeschossige. Vor allem hatte es schon früh neben den quergelagerten Basiliken längsgerichtete Hallenbauten gegeben. So waren gewiß in konstantinischer Zeit zahlreiche Möglichkeiten vorgebildet, die allerdings heute fast alle so zerstört sind, daß man allenfalls noch ihre Grundrisse kennt und für den Aufbau nur unzulängliche Anhaltspunkte besitzt.

Mehr durch Zufall blieb eine dieser paganen Basiliken in ihrem einstigen Aufbau noch so weit erkennbar, daß man von ihm sich eine klare Vorstellung machen kann. In Aspendos, in Kleinasien, wurde, nach dem Charakter der Ornamentik zu schließen, bald nach der Mitte des zweiten Jahrhunderts auf der Ostseite des Forums eine dreischiffige Basilika von 105,50 m Länge errichtet (Tafel 30, 31, Abb. 14, 15, 16). Ihr Mittelschiff hatte eine lichte Weite von 11,15 m, jedes ihrer beiden Seitenschiffe von 6,50 m. Die Höhe des Mittelschiffs bis zum Ansatz des Daches betrug etwa 15,50 m, die der Seitenschiffe in den Außenmauern etwa 7 m. Der Bau ist zwar bis auf seine Fundamente zerstört, in denen ausgedehnte Zisternen untergebracht waren, die das Regenwasser von den Dächern sammelten; doch war dem dreischiffigen Saal auf der Nordseite ein hochragender rechteckiger Empfangsraum vorgelagert. Er wurde durch hoch liegende Bogenfenster erhellt; nach Norden hat er eine weite Bogentür und nach Süden drei Türen, welche in die sich an ihn anschließende Basilika führen. Die Tür zum Mittelschiff hat mit 9,12 m Breite und 9,90 m Höhe die gleichen Maße wie die Nordtür und konnte wohl wie jene nicht verschlossen werden; die Bogentür zu den Seitenschiffen sind entsprechend schmäler und niedriger. In der gegen die Basilika gewandten Außenmauer dieses Vorraumes, den die mächtigen Quadermauern vor dem Ruin bewahrten, hat sich gewissermaßen im Schnitt das System der fast restlos zerstörten Basilika erhalten.

Nach unmißverständlichen Spuren ruhte das Satteldach des Mittelschiffs auf zweigeschossigen Reihen rechteckiger Pfeiler, die heute in sich zusammengestürzt sind. Doch blieben Andeutungen der von den Pfeilern getragenen Gebälke in der Südmauer des Eingangsbaues erhalten. In diese doppelte Pfeilerstellung mit ihren Gebälken, die im Obergeschoß keine Fenster, sondern offenbar rechteckige unverschließbare Öffnungen besaß, waren die auf den Außenmauern aufliegenden Pultdächer der Seitenschiffe eingehängt; sie ruhten auf Querbalken, die in die Öffnun-

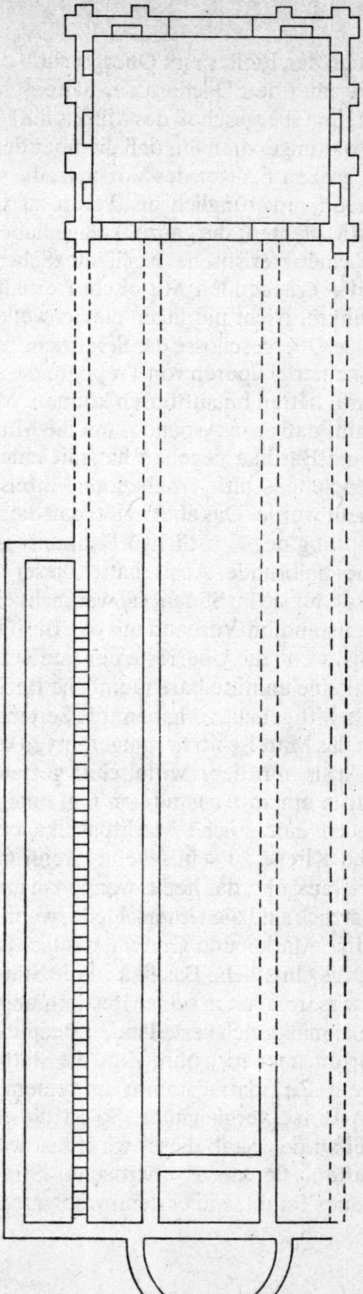

Abb. 16

gen zwischen den Pfeilern im Obergeschoß des Mittelschiffs eingespannt waren. Die über den Dächern der Seitenschiffe liegenden rechteckigen Öffnungen im Obergeschoß des Mittelschiffs dienten diesem als Fenster. Man hat zwar angenommen, daß die über den Dächern der Seitenschiffe liegenden großen Fenster des Vorsaals, die sich auch auf seinen übrigen Seiten finden, ursprünglich als Türen zu Obergeschossen der beiden Seitenschiffe dienten; die ganze Anlage habe erst in christlicher Verwendung das charakteristische basilikale Schema mit dem sich über die Seitenschiffe erhebenden Mittelschiff erhalten; doch fehlen dafür alle Anhaltspunkte. Nicht nur lägen die Schwellen dieser Türen viel zu hoch für derartige Obergeschosse der Seitenschiffe. Es finden sich auch in dem Vorraum keinerlei Spuren von Treppen, die zu diesen als Türen gedeuteten Fenstern hätten hinaufführen können. Man kommt um die Tatsache nicht herum, daß es in Aspendos um die Mitte des zweiten Jahrhunderts n. Chr. eine Basilika gegeben hat mit einem sich über die wesentlich schmäleren Seitenschiffe erhebenden Mittelschiff, das durch einen Obergaden erhellt wurde. Das aber heißt, daß die Basilika als solche nicht etwa eine Schöpfung der christlichen Baukunst ist, sondern der paganen. Ja selbst eine halbrunde Apsis hatte dieser Bau nach den Resten der Fundamente für sie im Süden; sie war nicht eine nachträgliche Zufügung, sondern entstand im Verband mit der Basilika selbst. Allerdings scheint diese Apsis, wenn die Überreste der Fundamente nicht trügen (Tafel 31, Abb. 16), keine unmittelbare räumliche Beziehung zu dem langgestreckten Mittelschiff gehabt zu haben; die Seitenschiffe scheinen vielmehr im Süden um das Mittelschiff herumgeführt zu sein und die offenbar ziemlich niedrige Apsis von dem Mittelschiff getrennt zu haben; denn vor der Apsis liegt in einem Abstand von 6 m eine Quermauer.

So ähnlich eine solche Marktbasilika beim bloßen Hinsehen einer christlichen Kirche zu sein scheint, wenn man nur vom Grundriß oder vom Aufriß ausgeht, das heißt, wenn man nur die Form als solche nimmt, so grundsätzlich sind die Unterschiede, wenn man nach dem Wesen fragt.

Die antike Markt- und Gerichtsbasilika ist ein Raum für das profane Geschäft; die christliche Basilika ist die Stätte eines Kultes. Der Profanbau ist gewissermaßen in seiner Bestimmung von einer durch den ganzen Raum gleichmäßig sich verteilenden Bedeutsamkeit. Er ist ohne eigentliches Zentrum, aber auch ohne Ziel, die Stätte eines hin und her flutenden Lebens, ein Zirkulationsraum, in seinem Charakter vielleicht einer modernen Börse vergleichbar. So ist die Apsis in Aspendos eher ein Anhängsel an den Saal; dieser wirkt fast wie eine von zwei Hallen, den Seitenschiffen, flankierte überdachte Straße, nicht wie wie in sich geschlossener Raum, wie er denn wohl auch hauptsächlich dann benutzt wurde, wenn das Wetter, allzu große Hitze oder Regen, den Aufenthalt auf dem Markt unmöglich machte.

Neben dieser profanen Basilika gibt es den anderen Raumtypus vor allem in den spätantiken Kaiserresidenzen wie Trier (Tafel 33) und Spalto oder in der kaiserlichen Villa bei Piazza Armerina auf Sizilien, die man auch im Altertum als Basilika zu bezeichnen pflegte, ohne daß diese einschiffigen Säle im eigentlichen Sinne basikale Form hatten, wie denn der unter dem Begriff Basilika gemeinte Raum so wenig eine klar zu bestimmende Gestalt hatte wie heute etwa das Wort Saal. Diese Palastbasiliken waren durch eine halbkreisförmige Apsis geschlossen, auf die hin der Raum bezogen ist. Es sind Stätten vorzüglich der kaiserlichen Repräsentation und als solche bestimmt durch das Gegenüber des in der Apsis thronenden Kaisers und der in dem rechteckigen Saale versammelten Menge. Wie dieser Saal als solcher künstlerisch unbestimmt ist in seiner Leere, so ist die überkuppelte Apsis an ihm mit der konzentrischen Form ihres mächtigen Halbzylinders das Gegenteil. Sie gestaltet und beherrscht den Raum, an dem sie liegt, und versammelt ihn auf sich.

Die Polarität zwischen zwei einander gegenübergestellten Gruppen von Menschen, die in den kaiserlichen Palastbasiliken sich manifestiert, in denen das Halbrund der Apsis den Kaiser umschließt und ihn heraushebt aus der Masse des ihm gegenüberstehenden Volkes, deutete sich auch bereits in der frühesten uns erhaltenen Kirche in Dura an (Abb. 6). Der Bischof oder Presbyter saß dort an dem einen Ende des Raumes vor der Schmalwand auf einer erhöhten Stufe. Er hatte die Gemeinde vor sich, sich gegenüber.

Dieses Gegenüber hat sich in Aquileia durch das Gitter, das den Klerus von der Gemeinde trennt, unzweifelhaft verstärkt (Tafel 18, Abb. 13). In der Architektur der Südkirche prägte sich durch die quergelagerte Halbtonne über dem Teil des Raumes, in dem Bischof, Klerus und Altar ihren Platz hatten, diese Absonderung gegenüber dem Laienhaus in einem noch stärkeren Maße aus. Auch hatte hier die Schranke in der Mitte keine Tür, so daß man annehmen muß, daß bei dem eucharistischen Opfer, zu dem man sich ursprünglich um den Tisch versammelt hatte, dann zu ihm herangetreten war, nun Brot und Wein den Laien über die Schranke gereicht wurden.

Bei der in der Profanbasilika vorgebildeten christlichen Basilika ergeben sich neue Möglichkeiten, den Raum für den Klerus und für die Laien in einer Absonderung gegeneinander noch wirkungsvoller aufeinander zu beziehen. Das Laienhaus erhält durch die basilika Anordnung des Raumes, die breite Straße des durch Fenster in der Hochwand erhellten Mittelschiffs, die gewissermaßen von den Säulenhallen der Seitenschiffe beiderseits begleitet ist, Richtung; diese wird noch dadurch verstärkt, daß nun der Haupteingang zu dem Laienhaus nicht mehr an der Seite liegt, sondern wie bei der Profanbasilika von Aspendos an der Schmalseite (Tafel 30, 31), die sich dem Raum für den Klerus und den Altar gegenüber befindet. Das Mittelschiff mit den Säulenhallen richtet den Gläubigen, der die Kirche betritt, auf den Altar aus und führt ihn zu ihm hin. Die Basilika von Aspendos läßt erkennen, daß Richtung und Führung durch den Bau sich bereits in der paganen Architektur vorgebildet finden, wie auch die Apsis hier als Sitz des Gerichts, mag sie auch von der langgestreckten Flucht des Mittelschiffs getrennt gewesen sein, einen wirkungsvollen Abschluß des gerichteten Raumes bildete.

Deutlicher wird diese Beziehung in ein- oder auch mehrschiffigen Räumen, die ohne trennende Architektur mit einer Apsis abschließen, wie eine solche Verbindung bereits in dem Gartennymphäum der sogenannten Villa des Cicero bei Formia vorgebildet ist (Tafel 28); in ihm tragen dorische Säulen das annähernd 7 m weite kassettierte Gewölbe des Mittelschiffs, während die Seitenschiffe ganz schmale Korridore mit Längstonnen sind. Zwar ist die Apsis hier eine von zwei Treppen flankierte rechteckige Ausnischung, die von einer Halbtonne überspannt wird; gleichwohl ist in diesem noch republikanischen dreischiffigen Raum Entscheidendes für die spätere Entwicklung bereits im Keim vorhanden; vor allem ist es das Zusammenwachsen des Saales mit seinem Gegenüber, der Nische, die ja durch das aus ihrer Rückwand in das Becken vor ihr springende Wasser gegen die Richtung des Raumes vor ihr wirkt, indem sie gerade durch diese Dynamik mit ihm zu einer Einheit wird. Jeder, der sich in dem Raum befindet, wird schon durch die Säulenreihen an seinen Langseiten wie durch das Wasserspiel in der an seiner Schmalseite liegenden Ausnischung auf diese hin gerichtet.

Einen wesentlichen Schritt weiter auf dem Weg zur basikalen Gestaltung des auf eine Apsis hin gerichteten Raumes ist der in claudischer Zeit entstandene unterirdische Pfeilersaal unweit der Porta Maggiore in Rom, der wohl einem Mystienkult diente, die sogenannte Basilika Sotterranea.

Eine solche Ausrichtung aber ist in allem römischen Innenräumen mit einer Apsis. Sie bestimmt die Zellen von Tempeln, in denen wie beim augusteischen Mars-Ultortempel oder beim hadrianischen Tempel der Venus und Roma die Bilder der Gottheiten aus der Apsis in den rechteckigen Raum vor ihr wirken; sie wirkt ebenso in den großen kreuzgewölbten Basiliken wie der des Maxentius, in der ursprünglich dem Eingang gegenüber in der Längsachse des Raumes eine Apsis als Sitz des Tribunals lag, die dann von der Kolossalstatue des Konstantin eingenommen wurde (Tafel 32). Nicht anders war es in den Räumen kaiserlicher Repräsentation, wie in der noch aufrecht stehenden Basilika in Trier (Tafel 33) oder in den in ihrem Aufbau zu erschließenden Palastaulen in Spalato und in der Kaiservilla von Piazza Armerina. In all diesen Räumen, die mit einer christlichen Kirche noch nichts zu tun haben, ist dieses Spannungsverhältnis zwischen dem in sich geschlossenen, aber gerichteten rechteckigen Raum und der an seinem einen Ende dem Eingang gegenüberliegenden Apsis. Ja selbst ein Zentralraum wie das Pantheon ist von dieser Spannung zwischen dem mächtigen zylindrischen überkuppelten Hauptsaal und der an ihm liegenden Apsis dem Eingang gegenüber durchwirkt.

Dieses den Raum erfüllende Spannungsverhältnis ist etwas typisch Römisches. Es fehlt der griechischen Architektur bis zu dem Zeitpunkt, zu dem die Römer Herren auch des Ostens werden und nun den Bauten, die unter ihrer Herrschaft entstehen und zu denen auch die Basilika des Aspendos gehört, das, was ihren architektonischen Schöpfungen eigen ist, geben, eben diese Eigenart des gerichteten Raumes. Wenn dann auch die christliche Basilika durch diese Ausrichtung des Raumes ihren Charakter erhält, so ist auch sie zunächst eine typisch römische Schöpfung – nicht nur weil die erste von ihnen in Rom entstand, sondern weil sie als solche in einem tieferen Sinne römisch ist, mögen dann sehr bald auch im Osten christliche Basiliken entstehen. Sie sind nicht denkbar ohne das römische Vorbild, die lateranische Basilika.

DIE LATERANSKIRCHE

Kurz nachdem in Aquileia mit dem Bau der Südkirche begonnen wurde, entstand in Rom jene Kirche, die dem christlichen Kirchenbau für Jahrhunderte das Vorbild gewesen ist, San Giovanni in Laterno. Es ist zwar nur eine Vermutung, daß sie erst begonnen wurde, als die Südkirche von Aquileia (Tafel 20 ff., Abb. 9–13) schon im Bau war; aber die Wirkung der ersten monumentalen stadtrömischen Säulenbasilika war offensichtlich so stark, daß ihre Gestalt, den Erfordernissen der Gemeinden entsprechend, die in der Folgezeit Kirchen errichteten, wohl variiert, nicht aber grundsätzlich verändert wurde. Die Annahme ist daher wohl berechtigt, daß – wäre die Idee der christlichen Basilika damals schon konzipiert gewesen – die Südkirche von Aquileia, eine konstantinische Stiftung aus der Zeit um 314, wohl eine basilikale Form erhalten hätte. Dies zu vermuten besteht um so eher Veranlassung, als alle großen von Konstantin gestifteten Kirchen in der Folgezeit, mögen sie auch nicht unwichtige Abwandlungen aufweisen, Basiliken waren: St. Peter und St. Paul in Rom, die Palastkirche in Konstantinopel, die Geburtskirche in Bethlehem, die Grabeskirche in Jerusalem. Wenn auch die Architekten der letzteren nach Prosper von Aquitanien und Theophanes Griechen waren – Eustathios stammte aus Konstantinopel, Zenobios wahrscheinlich aus Syrien –, so scheint es doch außer Zweifel zu sein, daß die erste und maßgebende christliche Basilika – eben San Giovanni im Lateran – von einem stadtrömischen Architekten entworfen wurde. Vor ihr gibt es, soweit unsere Kenntnisse ein Urteil zulassen, keine Kirche in der Form einer Basilika.

Nur kurze Zeit rivalisiert mit der in der Lateranskirche ausgebildeten Form der Basilika eine andere Form der Basilika, die in Rom heute noch in den Ruinen zweier Bauten faßbar ist; die eine ist die unter Konstantin erbaute Kirche »ad Catacumbas« an der Via Appia, die später, da sich in ihr auch das Grab des heiligen Sebastian befand, nach diesem Märtyrer San Sebastiano hieß; die andere errichtete die Tochter Konstantins, Constantia, auf ihrem Landgut an der Via Nomentana zum Gedenken an die heilige Agnes, ein Bau, der offenbar von der etwas früher entstandenen Kirche an der Via Appia abhängig ist, sie aber in ihren Ausmaßen übertraf. Ebenso scheinen San Lorenzo fuori le mura an der Via Tiburtina und SS. Marcellino e Pietro an der Via Labicana diese Form gehabt zu haben, so daß man zunächst geneigt wäre, in ihnen ausgesprochene Grabeskirchen zu erkennen. Doch auch die »große Kirche«, die Konstantin kurz nach 330 unweit des Kaiserpalastes in der neuen

Hauptstadt des Reiches am Bosporus, Konstantinopel, zu errichten begann, an der Stätte, wo heute die Hagia Sophia steht, hatte nach der Überlieferung wie diese Bauten in Rom die Form eines Circus oder Hippodroms. Von der Kirche in Konstantinopel wissen wir nur eben dies und, daß sie eine Säulenbasilika war. Dazu erfahren wir, daß Julian der Abtrünnige, Gegner des Christentums, bei seinem Aufbruch zum Perserkrieg im Jahre 361 von diesem Bau, der damals durch Erdbeben beschädigt war, die spöttische Bemerkung gemacht haben soll: »Eine schöne Kirche haben doch diese Christen; wenn ich aus dem Kriege gegen die Perser zurückgekehrt sein werde, will ich aus ihren Seitenschiffen Pferdeställe machen, aus ihrem Mittelschiff aber ein Heumagazin.«

Das Besondere der in den vier genannten stadtrömischen Kirchen noch faßbaren Bauform ist, daß ihnen eine Apsis im eigentlichen Sinne fehlt. Vielmehr umschließt die Pfeilerstellung bei San Sebastiano oder auch die Säulenstellung bei der großen Kirche in Konstantinopel, die den Obergaden mit den Fenstern trägt, im Halbkreis auch die Stätte, wo der Altar steht; so verschmelzen die beiden Seitenschiffe, die um das halbkreisförmige Ende des Mittelschiffs herumgeführt werden, miteinander zu einer Einheit. Im Grundriß entsteht so in der Tat etwas, das sich mit einem Circus oder Hippodrom vergleichen ließe.

Doch hat sich diese Form der Basilika gegenüber derjenigen, die in der Lateranskirche zum ersten Male Gestalt gewinnt, nicht durchgesetzt. Die Gründe können nur vermutet werden; vielleicht ist einer von ihnen darin zu sehen, daß einem solchen Raum sowohl durch die Lichtführung wie durch die weniger akzentuierte Gliederung bei dem Ineinanderfließen des Laienhauses und des dem Klerus vorbehaltenen Teils das fehlte, was eben dem Raum seinen Charakter gab, der in der Lateranskirche Gestalt gewann: das klare Gegenüber der dem Klerus vorbehaltenen halbrunden Apsis und das langgestreckte fünfschiffige Laienhaus, das der sich immer mehr verstärkenden Heraushebung des Klerus und seiner Funktionen im Kult entsprach. Es dürfte wohl auch kein Zufall sein, daß diese Form der Basilika gerade in der Kirche ausgebildet wurde, in der der Erste unter den Bischöfen amtierte; denn wahrscheinlich wird gerade die römische Bischofskirche auch wesentlich gewesen sein für die Ausbildung des kirchlichen Zeremoniells (Tafel 35, Abb. 17, 18).

In diesem Gegenüber von Apsis und Laienhaus aber konzentriert sich alles auf den Altar. Darin unterscheidet sich eine christliche Basilika von jedem profanen basilikalen Raum, so daß das Gegenüber von Apsis, etwa als Stätte des Tribunals oder des kaiserlichen Thrones, und dem auf sie ausgerichteten Saal nicht das Entscheidende ist, sondern die Beziehung auf die kultische Mitte zwischen beiden, den Tisch der Eucharistie.

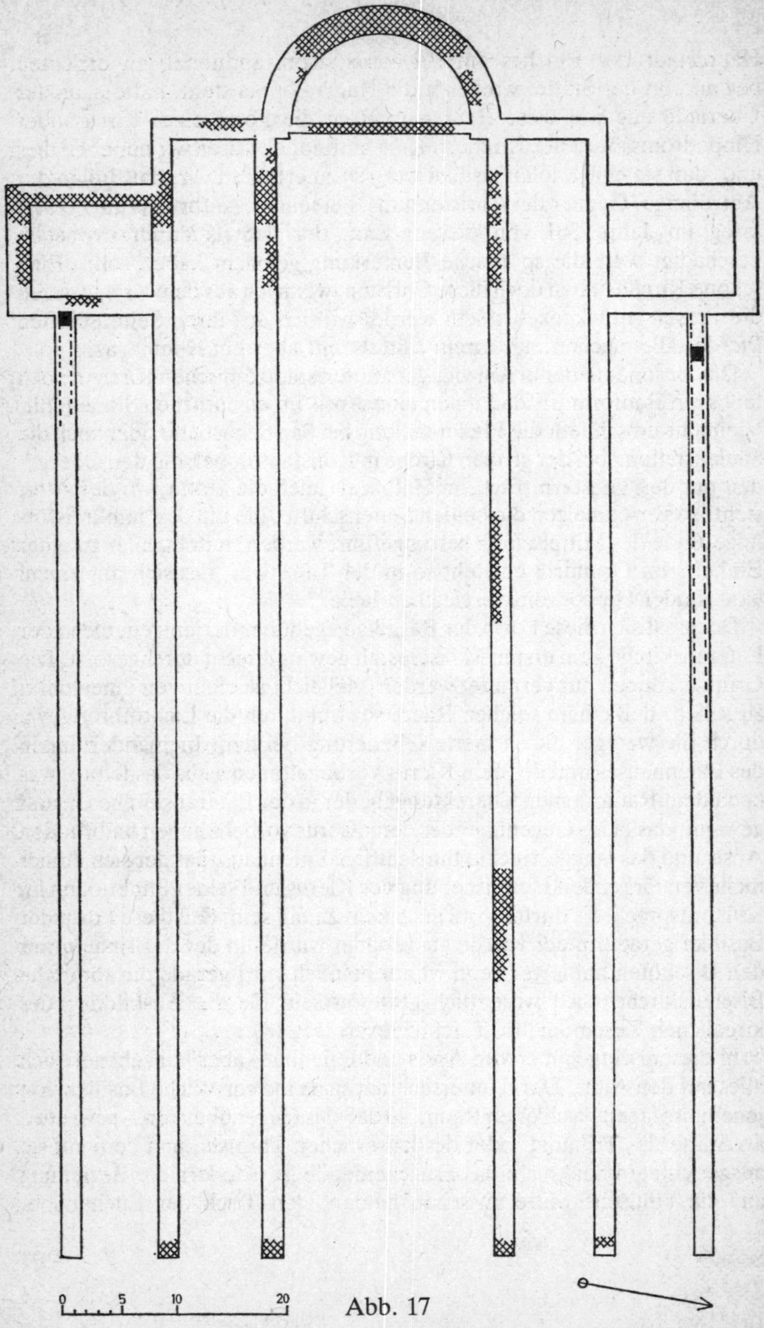

Abb. 17

Warum aber, so wird man vielleicht fragen, hat nicht die architektonisch doch so viel wirksamere Form des basilikalen Raumes den ersten monumentalen Kirchenbau bestimmt, wie er in der großen von Maxentius erbauten Basilika am Forum Romanum kurz vor der Errichtung der Lateranskirche Gestalt gewonnen hatte (Tafel 32)? Haben doch dann um die Mitte des 16. Jahrhunderts Michelangelo und Vanvitelli den Frigidariumssaal der Diokletiansthermen, welcher der Maxentiusbasilika als Vorbild gedient hat, ohne Schwierigkeit in eine Kirche umgewandelt. In der Maxentiusbasilika gab es doch einen Raum länger noch als die Lateranskirche mit einem Mittelschiff, das zudem beinahe doppelt so weit war wie das der Lateranskirche, mit einer Höhe, die nur wenig unter der des Mittelschiffs des Kölner Doms zurückbleibt. Durch die Lage des Einganges auf der Ostseite war er zudem auf die halbrunde Apsis an der Nordseite gerichtet. Drei gewaltige Kreuzgewölbe auf den höchsten Säulen fußend, die man in Rom findet, überspannen wie mächtige geblähte Segel das Mittelschiff. Dazu war dieser Raum doch gerade in der Zeit, als man mit dem Bau der Lateranskirche begann, dadurch in das Blickfeld gerückt worden, daß man in seiner Apsis die riesige Statue eines Mannes aufstellte, dem die Christen Roms es zu verdanken haben, daß sie endlich aufatmen konnten (Tafel 26); seine Fürsorge ermöglichte aber auch den Bau der ersten wahrhaft monumentalen Kirche. Warum ist für die Lateranskirche zumal als Denkmal des Sieges der christlichen Kirche nicht dieser im Grunde so viel wirkungsvollere, wahrhaft triumphale Bau das Vorbild gewesen, der ja nach der Schlacht an der milvischen Brücke ebenfalls als Siegeshalle eingerichtet wurde; warum ist die Lateranskirche bei fast der gleichen Größe wie die Maxentiusbasilika so viel einfacher?

Die Antwort auf diese Frage kann wohl nur in der Richtung liegen, daß es eben gerade diese Einfachheit des Raumes war, die man trotz allem als notwendig empfand; nur durch sie konnte das zur Wirkung kommen, um das es in diesem Raume ging, nicht der Raum als solcher, sondern der Mensch und das, was ihn in diesen Raum führte. Selbst in dem monumentalen profanen Raum, in dem der Mensch das Entscheidende sein sollte, etwa in einem kaiserlichen Thronsaal wie der um 310 entstandenen Basilika von Trier (Tafel 33), die heute ein wirkungsvoller Kirchenraum ist, wird ja damals auf alle Eigenwirkung der Architektur verzichtet, die von dem Wesentlichen ablenken könnte. Erst zweieinhalb Jahrhunderte später, als sich die Kirche als solche auch in ihrem Wesen entscheidend gewandelt hatte, kommt eine Raumformung zur Wirkung, die in der Maxentiusbasilika vorgebildet ist; inzwischen war die Kirche mehr als Kaiser und Reich, garantierte beides in seinem Bestande. Ein solcher Bau der triumphierenden Kirche ist die Hagia Sophia in Konstantinopel, die

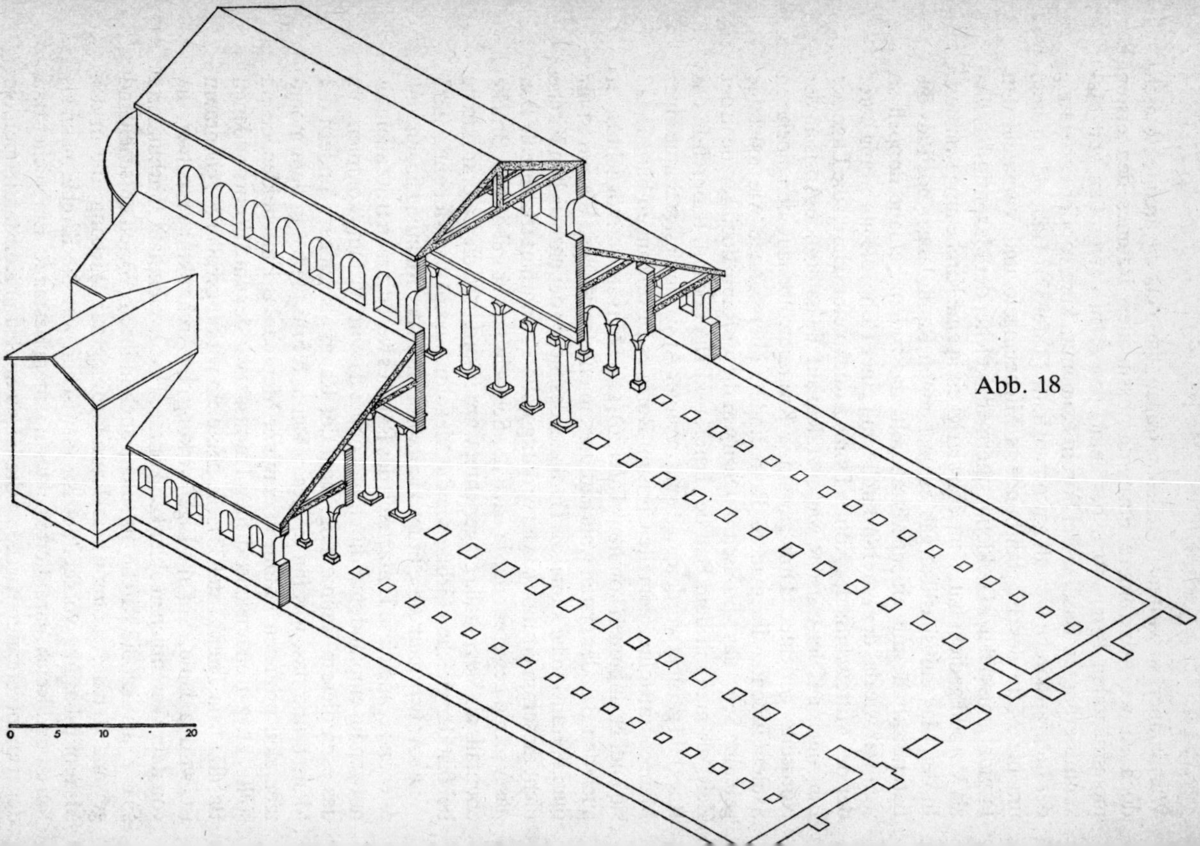

Abb. 18

Kaiser Justinian später anstelle einer Säulenbasilika errichtete; aber mehr als tausend Jahre hat es gedauert, bis man die von Konstantin erbaute, der Lateranskirche verwandte Basilika über dem Grabe des Petrus in einen Raum verwandelte, in dem man »das Pantheon auf die Maxentiusbasilika türmte«.

Hängt aber die Tatsache, daß die Maxentiusbasilika, der gewaltigste Saalbau des Altertums, mit ihrer eindrucksvollen Monumentalität (Tafel 32) ohne jede Wirkung auf den in ihrer unmittelbaren Nachbarschaft entstehenden ersten großen Kirchenbau blieb, nicht vielleicht auch damit zusammen, daß die christliche Basilika bei aller Ähnlichkeit auch mit der profanen Säulenbasilika doch noch einen anderen Ursprung hat als diese? Steht nicht vielleicht auch noch hinter diesem ersten Bau der siegreichen Kirche und ihren Nachfolgerinnen im Grunde die schlichte Kultstätte der Verfolgungszeit, nicht aber der Saal der architektonischen Gewalt, wie es die Maxentiusbasilika ist, der Architektur schlechthin? Ist es nicht auch bezeichnend, daß, obwohl sich gerade in dieser Zeit der Klerus durch Rang und Tracht aus der Gemeinde heraus entwickelte, keiner der kaiserlichen Thronsäle der christlichen Basilika gleicht?

Vielleicht liegen die Ursachen für die Verwandtschaft von christlicher und profaner Basilika daher auch gar nicht in der Angleichung des christlichen Kultbaues an die profane Basilika, sondern in der notwendig werdenden Monumentalisierung des vertrauten Kirchenraumes. Nicht in der Gestaltung des Raumes, sondern in der Unterbrechung des Daches zum Zwecke der Erhellung der Saalmitte stimmen zunächst der christliche und der profane Bau bei aller Verschiedenheit überein. Vielleicht aber ist das überhaupt das einzige, was ihnen gemeinsam ist.

Die Polarität zwischen Gemeinde und Klerus kommt in der Zweiteilung des Raumes bei der Lateranskirche (Tafel 35, Abb. 18) klarer als in den Saalkirchen von Aquileia zum Ausdruck (Tafel 15 ff., Abb. 9, 13): in das Laienhaus und in den Raum, in dem der Altar steht und in dem diejenigen, die ihren Dienst an ihm versehen, ihren Platz haben. Entsprechend der durch die Form des Daches bedingten Aufstaffelung des Raumes gegen das Mittelschiff hatten die Säulenreihen, welche die fünf Schiffe des Laienhauses voneinander trennen, zwei verschiedene Größen und Stärken (Abb. 18). Auf den wesentlich schlankeren Schäften aus Verde antico zwischen den Seitenschiffen, die niedriger waren als die Säulen des Hauptschiffes und die, je einundzwanzig in einer Reihe, auch dichter standen und auf Sockel gestellt waren, erhoben sich über den sie verbindenden Arkaden leichtere Oberwände als auf den je fünfzehn mächtigeren Säulen des Mittelschiffs aus Rosengranit.

In Aquileia ruhte die flache kassettierte Decke wohl unmittelbar auf den sechs Stützen (Abb. 13). In der Lateransbasilika trugen die durch Bogen verbundenen Säulen eine Oberwand, in der sich in Übereinstimmung mit den Arkaden unter ihnen Bogen öffneten (Abb. 18). In den die Seitenschiffe voneinander trennenden Oberwänden waren es je zwanzig halbkreisförmige Lünetten, im Obergaden des Mittelschiffs je fünfzehn hohe Bogenfenster, von denen jedes zweite später zugemauert wurde.

Dieser Fenstergaden, wie er sich unter den stadtrömischen Kirchen besonders gut in der Hochwand von Sta. Sabina (Tafel 38 ff.) erhalten hat, die zwischen 422 und 432 durch den Presbyter Petrus aus Illyrien errichtet wurde, die also etwa hundert Jahre jünger ist als die Lateranskirche, gilt gemeinhin als eines der charakteristischsten Merkmale der christlichen Basilika; ja man sieht in ihm geradezu eine für sie gemachte Erfindung des unbekannten Architekten der die Lateranskirche erbaute.

Sicher aber hat die Form ihre Vorläufer und möglicherweise auch ihre Vorbilder. Geschlossene Oberwände auf Säulenarkaden hat es schon im ersten Jahrhundert v. Chr. gegeben. Je höher man solch eine Oberwand über den Arkaden machte, desto notwendiger wurde es, um ein Durchbrechen des Bogens unter ihrer Last zu vermeiden, weitere der auf den Säulen fußenden Arkade entsprechende Bögen in die Wand über ihr einzuziehen, um die Mauerlast auf die Stützen zu versammeln. Dabei konnte man sich die Mauern unter, beziehungsweise innerhalb dieser Entlastungsbögen ersparen. Sie waren an sich bloße Füllung, bedeuteten im konstruktiven Aufbau nur eine Vermehrung der Last. So waren bei der konstantinischen Lateransbasilika auch die halbrunden Lünetten über den Arkaden der Seitenschiffe ursprünglich nichts anderes als Entlastungsbögen (Abb. 18); sie waren nicht etwa Fenster. Erst nach einem Erdbeben im Jahre 896 oder auch nach den Feuersbrünsten des 14. Jahrhunderts, die beide Male zu einer vollständigen Vernichtung des Dachstuhls geführt haben, mögen diese Lünetten zum Teil als Fenster ausgebildet worden sein (Tafel 35); das aber hatte zur Voraussetzung, daß damals das Dach auch den doppelten Seitenschiffen entsprechend abgestuft wurde. Weder bei der Lateransbasilika noch bei St. Peter (Tafel 36) und bei St. Paul (Tafel 37), die beide in unmittelbarer Anlehnung an die Lateranskirche als fünfschiffige Basiliken entstanden, haben die Entlastungsbögen im oberen Teil der Seitenschiffe voneinander trennenden Wände als Fenster gedient; dabei hatten sie im Unterschied zur Lateranskirche an sich die Form von Bogenfenstern und nicht von Lünetten. Ihre Öffnungen gingen, wie dies sehr deutlich aus einer Zeichnung hervorgeht, die 1823 nach dem großen Brande der Paulskirche entstanden ist, in den Dachraum über den äußeren Seitenschiffen (Tafel 37). Ebenso war es nach einer Zeichnung im Codex Barberinus Latinus

4410 und nach einem Fresko von Tiberio Alfarano in den Grotten der heutigen Peterskirche (Tafel 36) bei deren Vorgängerbau gewesen, wenn auch hier in der Darstellung diese Öffnung wie auch die Bogenfenster des Mittelschiffs viel zu klein geraten sind.

Derartige Oberwände mit entlastenden Bögen müssen sich ja, wenn der Dachstuhl nicht ganz aus Holz bestand, zum Ausgleich zwischen Dachschräge und Gebälk überall dort befunden haben, wo auf mehrschiffigen Hallenbauten mit gleich hohen Säulen ein Satteldach lag. So findet sich beispielsweise über den beiden Säulenreihen, die beim Pantheon die Seitenschiffe der Vorhalle von dem Mittelschiff trennen, noch heute eine derartige Konstruktion (Tafel 34). Man braucht nur diese Wandteile mit ihren Öffnungen die Dachfläche durchstoßen lassen, um etwas wie den Obergaden der christlichen Kirche zu erhalten. Er liegt beim Pantheon, gewissermaßen wie der fertige Pilz unter der Erdoberfläche, unter der Dachfläche, bereit diese zu sprengen und als Fenstergaden in Erscheinung zu treten. Nichts anderes ist beim Mittelschiff der Lateranskirche geschehen (Tafel 35, Abb. 18). Seine Fenster dienen nicht nur der notwendigen Erhellung des Raumes, sondern wie die halbrunden Lünetten über den Trennwänden zwischen den Seitenschiffen in ihr oder die schlankeren Bogenöffnungen in der Paulskirche der Entlastung der Oberwand. Daher entsprachen Fenster wie Lünetten den Jochen der Arkaden unter ihnen; daher waren auch die Fenster im Obergaden des Mittelschiffs auffallend groß, wie man es heute noch in den Fenstern der hundert Jahre später entstandenden Kirche Sta. Sabina in Rom erfährt (Tafel 39). Erst mit dem sich ankündigenden Mittelalter werden die Fenster im Obergaden klein und die Kirchen entsprechend dunkel. Mittelalterlicher Eigentümlichkeit entspricht es, wenn in der Darstellung des Tiberio Alfarano von St. Peter (Tafel 36) die großen Bogenfenster des Mittelschiffs und die Bogenöffnungen in den Trennwänden über den Arkaden zwischen den Seitenschiffen so auffallend klein dargestellt werden.

Das Laienhaus der Lateranskirche wurde im Osten durch Türen vom Atrium, einem der Kirche vorgelagerten Säulenhof betreten (Tafel 35). Der Raum ist in seiner Fünfschiffigkeit von einer doppelten Bewegung erfüllt. Er ist gemäß dem Sinn des Baues auf den Altar hin gerichtet, der dem Eingang zum Mittelschiff gegenüber am anderen Ende steht. Wie eine breite Straße führt das lichterfüllte Mittelschiff von der Tür zu ihm. Die Seitenschiffe dagegen nehmen in der Staffelung ihrer Höhen und Weiten zugleich Richtung auf das zwischen ihnen liegende Mittelschiff, in das sie von den geschlossenen Außenwänden durch die niedrigere und dichtere Arkadenreihe des äußeren, die höhere und weitere des inneren

Schiffes einströmen. Bei der Peterskirche, bei der die Joche der Arkaden zwischen den Seitnschiffen denen des Mittelschiffs in ihren Weiten entsprachen, war die Querrichtung der Seitenschiffe noch deutlicher. Sie wurde dadurch noch verstärkt, daß die sich in ihnen Aufhaltenden beim Gottesdienst gegen das Mittelschiff gewandt waren. Aber ebenso wie die Seitenschiffe dem Mittelschiff zugeordnet sind, ebenso eindeutig bekundet sich in diesem die Richtung des Raumes auf den Altar, auf den jeder sich hinwendet, der ihn durch die große Tür betritt. Diesen Raum als richtungslos zu bezeichnen, wie man es, von einem zwischen seinen beiden Enden in sich ruhenden Mittelschiff der Profanbasilika ausgehend, versucht hat, bei welcher der Eingang sehr oft in der Mitte einer ihrer Langseiten liegt, würde am Wesentlichen einer christlichen Basilika vorbeigehen. Ihr Mittelschiff ist etwas wie ein Weg und wird im Gottesdienst unmittelbar auch als solcher erfahren; beim feierlichen Einzug des Bischofs, beim Darbringen der Gaben durch die Gemeinde, dem Offertorium, beim Gang zum eucharistischen Opfer und schließlich beim Auszug des Klerus nach dem Gottesdienst. Jedes Mal ist dieser Raum von einer Bewegung erfüllt; jedes Mal ist er nicht selbst die Mitte, sondern der Weg zu dem Tisch, der die eigentliche Mitte ist. Wo aber ein Weg ist, da ist Bewegung und Bewegung wieder gibt mit dem Ziel Richtung.

Aber nicht nur in dieser Bewegung, die ihren künstlerischen Ausdruck zwei Jahrhunderte später in den Mosaiken der Kirche Sant Apollinare nuovo in Ravenna gefunden hat, wo die Märtyrer und Märtyrerinnen mit ihren Kronen in den verhüllten Händen wie zum Offertorium zum Atar hinstreben, neben dem Christus und die Gottesmutter mit dem Kinde thronen, sondern während des ganzen Gottesdienstes ist die Gemeinde mit ihrer Aufmerksamkeit nicht in dem Raum, in dem sie sich aufhält, sondern dem Altar zugewandt. So ist auch in der Bewegung der Leiber und der Hinwendung der Seelen dieses Mittelschiff der christlichen Basilika gerichtet.

Dieser Richtungnahme des Laienhauses antwortet der Raum des Klerus von jenseits des Altares. Sein mächtiges Halbrund wendet sich dem Drängen der Bewegung, die das Mittelschiff zum Altar hinträgt, entgegen, fängt sie auf, sammelt sie. Es ist die Apsis, die als überkuppelter Halbzylinder aus der Rückwand des Kirchenraumes heraustritt, Sitz des Bischofs und des Klerus.

Zu beiden Seiten des erhöhten Bischofssitzes befanden sich an der geschwungenen Wand die Sitze der Geistlichen, wie in der Gerichtsapsis der Profanbasilika die Sitze der Richter zu beiden Seiten des Stuhles ihres Vorsitzenden standen. Aber während die Gerichtsapsis ein in sich geschlossener Annex der Profanbasilika war, wofür bezeichnend ist, daß sie gegen den Raum vor ihr durch eine lettnerartige Schranke getrennt sein konnte, ist die Apsis der Lateranskirche eher die Hervorbringung des Raumes.

In der bescheideneren Saalkirche von Aquileia hatte der Bischof mit dem Klerus wie in dem noch viel kleineren Bethaus von Dura der Priester seinen Sitz vor der geraden Rückwand des Raumes gehabt. Es hatte für eine Apsis keine Notwendigkeit bestanden. Die Menschen hatten aus sich und ihrem priesterlichen Amt die Räume noch selbst zu bewältigen vermocht. Lediglich eine kleine Stufe hatte genügt, um die Priester in dem Raume der Kirche von Dura die Würde seiner Stellung gegenüber der Gemeinde zu verleihen (Abb. 6). In Aquileia wird es nicht viel anders gewesen sein; auch seine Saalkirchen waren vergleichsweise klein und ließen den Bischof, umgeben vom Klerus, sich in ihnen behaupten (Abb. 13).

In der Lateranskirche, deren Langhaus allein eine Länge von 75 m hatte und die von einer unübersehbaren Menge gefüllt war, bedurfte es einer ganz anderen architektonischen Energie, um dem Bischof als einem einzelnen seine Würde, das Gewicht gegenüber dem riesigen Raum zu geben. Eine bloße Erhöhung wie in Dura und wohl auch in Aquileia und die Abtrennung durch eine Schranke wie dort vermochten dieses nicht. Es bedurfte gewissermaßen des Anwachsens dieses einen Menschen in eine sich dem Raum gegenüber deutlich machende Größe, seiner Unterstützung durch die Architektur. Dies eben geschieht durch die Apsis. Sie ist die einzige Möglichkeit, den Bischof in einem Raum von so gewaltigen Ausmaßen mit den Mitteln der Architektur in Erscheinung treten zu lassen. Daß man sich dabei an die imperiale Architektur der kaiserlichen Palastaulen in Rom, Trier (Tafel 33) oder Piazza Armerina als Vorbilder hielt, ist um so eher verständlich, als ja nach dem Aufhören der Verfolgung der Bischof einen ganz anderen Rang erhielt als bisher. Das lehrt die damals gehaltene Predigt des Eusebius bei der Einweihung der Kirche von Tyros. Auch das kirchliche Zeremoniell beginnt um diese Zeit bereits einen ausgesprochen höfischen Charakter anzunehmen.

Mitte zwischen dem in der Apsis sitzenden Klerus und der im Langhaus versammelten Gemeinde war auch in der Lateranskirche der Altar, der zusammen mit sechs anderen Tischen, alle nach dem Liber pontificalis, das im elften Jahrhundert abgefaßt wurde, aus purem Gold gefertigt, gewiß nicht in der Apsis stand, sondern wohl nur dort, wo er auch später seinen Platz hatte.

Mindestens seit dem späten Mittelalter stand er im Schnittpunkt zwischen dem Langhaus und einem ebenso breiten Querhaus (Tafel 35). Untersuchungen haben aber ergeben, daß dieses Querhaus, so wie es in dem Fresko von San Martino ai Monti dargestellt ist, nach seinem Mauerwerk erst mittelalterlich ist, obwohl sich in der Südkirche von Aquileia bereits etwas wie ein Querhaus andeutet. Ebenso ging aus Beobachtungen an den konstantinischen Fundamenten der beiden Seitenschiffe auf der Südseite der Lateranskirche hervor, daß das äußere von ihnen an seinem Westende auf einen rechteckigen Raum von etwa elf Meter Länge und acht Meter Breite stieß (Abb. 17). Da es sich nur um Fundamente handelt, ist allerdings bis jetzt nicht klar, ob dieser Raum sich nach Osten hin gegen das äußere Seitenschiff öffnete und wie; ebenso wenig kann seine Verbindung mit dem an das Mittelschiff angrenzenden inneren Seitenschiff aus den spärlichen Resten der Fundamentmauer erschlossen werden.

In der Lateranskirche findet das Christentum zum ersten Male eine monumentale künstlerische Form für den Bau, in dem man zum Gottesdienst vereinigt ist. Architektur ist für diese Bewegung, die immer weitere Kreise erfaßt, überhaupt die einzige Möglichkeit einer monumentalen Gestaltung. Körper und Plastik bedeuten nur der konsequente Ausdruck der Zeit, in der es in Erscheinung tritt. Zwar hat man zunächst versucht, auch die Statue in die christliche Welt hinüberzuretten. In der konstantinischen »großen Kirche«, die an der Stelle der Hagia Sophia in Konstantinopel stand, sollen nach den Quellen über vierhundert Statuen gestanden haben, zum größten Teil wohl aus heidnischen Heiligtümern stammend. Sie können aber nur als Dekoration gedient haben, waren ihres ursprünglichen Gehaltes gewiß verlustig gegangen. Ob auch in der Lateranskirche solche Bildwerke standen, wissen wir nicht; in den Saalkirchen von Aquileia gab es für sie auf jeden Fall keinen Platz.

Daß die ›große Kirche‹ in Konstantinopel mit Statuen geschmückt war, hängt vielleicht damit zusammen, daß sie die Kirche der kaiserlichen Residenz war. Weder in seiner Predigt anläßlich der Einweihung der Kirche von Tyros erwähnt Eusebius von Kaisareia Statuen, noch Sidonius Apollinaris in seiner Beschreibung der Basilika von Lyon, wohl aber den Reliefschmuck der Haupttür der eine, die Bodenmosaiken der andere.

Prächtige Böden mit farbigem Marmor oder Mosaiken, goldstrahlende Decken, kostbare Marmorsäulen, reich verzierte Gitter und Mosaikbilder an den Wänden des Mittelschiffs und in der Apsis, mit Reliefs geschmückte Türen und Bischofsstühle können, auch wenn sie mit Ausnahme der Mosaiken von Aquileia erst in späteren Bauten faßbar werden, noch heute von der Ausstattung einer frühchristlichen Kirche einen Eindruck vermitteln. Von den wertvollen Leuchtern und goldenen Baldachinen wissen wir nur aus den Schriftquellen. Statuen gehören nicht mehr zum Wesen dieses Baues und ihre Beseitigung, die Kaiser Justinian dann für die Kirche in Konstantinopel anordnete, hatte die Zeit bereits aus sich heraus vollzogen. Es ist die Verweisung des plastischen Körpers aus dem Raum durch den Raum als solchen.

Man könnte aber auch sagen, wenn man die Entwicklung der Statue im Ablauf der Geschichte des Altertums überblickt, daß sie vom Raume verschlungen wurde. Einst war sie eine in sich autonome Gestalt gewesen, hatte sich als solche Raum geschaffen und den Raum beherrscht; dann war sie allmählich aus dem Raum zurückgewichen, war an die Wand gerückt, hatte sich eingegliedert in die Interkolumnien von Säulenhallen, erhielt ihren Platz in Nischen; schließlich hatten die Wände des Raumes sich um sie geschlossen und die Statue ins Bild verwandelt.

Aber ist es eigentlich Raum, was das Wesen der ersten großen Kirche bestimmt, der Lateranskirche? Wenn es Raum ist, so ist es Raum von einer ganz besonderen, fast unräumlichen Art, wie wir sie wohl am eindrucksvollsten heute noch in Sta. Sabina in Rom erfahren, eine Kirche die hundert Jahre nach der Lateransbasilika entstand (Tafel 38, 39).

Etwas schwer zu Fassendes erfüllt das Innere dieser frühen Basiliken, in denen die Hochwände auf den Säulenarkaden wie auf Brücken stehen, ja man möchte fast sagen, in das sie auf den schlanken Schäften eintauchen wie in eine durchsichtige, sehr leichte Flüssigkeit. Wir empfinden in diesen Kirchen die Schalen der die Schiffe trennenden Wände, ihre Durchlässigkeit in den Arkaden und Lichtgaden, aber der Raum wird zu etwas Unbestimmbarem. Das hängt zum Teil damit zusammen, daß die architektonische Ordnung, deren letzte Rudimente die Säulen sind, keine Gewalt mehr über Wand und Raum hat. In den konstantinischen Basiliken entsprach die Stärke der von den Säulen getragenen Wände noch in etwa dem Durchmesser ihrer Schäfte; in Sta. Sabina haben die Arkaden die Stärke der oberen Ausladung des Kapitells; in den Kirchen Ravennas ist zwischen Kapitell und Arkade der nach oben ausladende Kämpfer gelegt, der es ermöglicht, die Oberwand noch weiter zu verstärken. Dazu sind die den Raum begrenzenden Flächen schon in der Lateransbasilika in ihrer Proportion und in ihrem Verhältnis zueinander nicht mehr aus sich heraus faßbar. Sie sind irrationale Größen. In manchen Kirchenbauten der Frühzeit, so in der Basilika von Tyros, sind sie wie in der Lateranskirche (Tafel 37) nicht einmal durch die Decke in ein Verhältnis zueinander gebracht, sondern stoßen wie bei der Kirche Sta. Sabina (Tafel 38, 39) in den offenen Dachstuhl mit seinem Gitter der quer gelegten Dachbalken und den sie kreuzenden Sparren gleichsam ins Leere.

Über die Qualität eines solchen Raumes vermag sich der in ihm

Stehende nur zu orientieren über die Flächen, die das Schiff an den beiden Schmalseiten begrenzen. In ihnen, vor allem aber in der Wandung der Apsis, auf die er schon beim Betreten des Raumes vom Eingang her gerichtet wird, ist der Raum ablesbar. Seine Orientierung auf diese Ausnischung ist also nicht nur durch das kultische Geschehen gegeben, sondern ist zugleich dadurch bestimmt, daß der Raum über die Apsis als Größe erfahren wird. Dadurch aber, daß diese Wandung nicht bloß Fläche ist wie die ihr gegenüberliegende Türwand, sondern in ihrem zylindrischen Halbrund und ihrer Überdeckung durch eine Halbkuppel Raum wird, kann zugleich im Verhältnis der Wände zueinander etwas Räumliches empfunden werden. Gerade die Beschränkung der räumlichen Substanz im eigentlichen Sinne allein auf die Apsis ermöglicht es, daß im Ganzen des Baues die Leere zwischen seinen Wänden doch als Raum gespürt wird; in seiner Schlichtheit und Strenge ist er auf sie gerichtet, in ihr versammelt; von der Apsis strahlt dieses Räumliche als ein leises Fluten in das Schiff zurück, es mit ihrer Hoheit durchwirkend.

DIE PREDIGT DES EUSEBIUS ÜBER DEN SINN DER KIRCHE ALS BAU

Wohl hörten die Kulte der alten Götter nicht auf, und keiner von denen, die ihnen die Treue hielten, wurde etwa verfolgt. Noch fast ein Jahrhundert sollte es dauern, bis unter Theodosius die Schließung der Tempel verfügt wurde und das Feuer auf den Altären vor ihnen für immer erlosch. Erst im Jahre 393 wurden die Spiele, die dem höchsten Gott zu Ehren mehr als ein Jahrtausend gefeiert wurden, in Olympia zum letzten Male festlich begangen.

Dennoch, die Welt war christlich, und schon mit dem Siege Konstantins hatte sich das Christentum in vielem ganz entscheidend gewandelt. Der christliche Kult war nicht nur durch den Kaiser anerkannt und gefördert. Schon Konstantin berief Synoden ein, in denen er den Vorsitz führte. Das Christentum war nicht mehr auf dem Wege, Staatsreligion zu werden. Es war die Religion des Staates. Ja, es begann sich auch in politischen Dingen zum obersten Richter zu machen. Als bei einem Aufstand in Thessaloniki zahllose Menschen umgekommen waren, konnte Ambrosius, der Bischof von Mailand, den Kaiser zur öffentlichen Buße verurteilen.

An der Schwelle vom Alten zum Neuen hatten die beiden Kirchen von Aquileia ihren Platz, die Nordkirche gewissermaßen noch jenseits, befangen in der Zurückhaltung, die den Christen in der Zeit der Verfolgung auferlegt war, die Südkirche diesseits, uneingeschränkt in der Bekundung des Bewußtseins der neuen Freiheit. Die Lateranskirche dann war das Denkmal des errungenen Sieges, obwohl sie äußerlich ohne alles Pathos der römischen Monumentalarchitektur war und verglichen mit den Kolossalbauten ihrer Zeit auf alles verzichtete, was nicht dem Wesentlichen in ihr entsprach. Ihr Äußeres muß demgemäß ganz schlicht gewesen sein wie das aller frühchristlichen Basiliken nach ihr. Entscheidend blieb zunächst das Innere, und dieser Raum in seiner strengen Form war es auch, der dem Wesen des kultischen Geschehens entsprechend dieses wie ein großer Mantel umhüllte, der in seiner Feierlichkeit etwas anderes war als das Gehäuse, das zuvor das Mysterium der Eucharistie umschlossen hatte.

Dem sichtbaren Wandel des Gotteshauses war schon im Laufe des dritten Jahrhunderts ein unsichtbarer vorausgegangen. Schon vor der Verfolgung hatte man zwischen den schlichten Hauskirchen, deren Räume sogar noch zu anderen Zeiten profanen Zwecken gedient haben mögen und die nur durch den Kult und während des Kults Kirche waren, und dem erhofften himmlischen Jerusalem Beziehungen gespürt. Man hatte in den Räumen, in denen man zusammenkam, etwas wie das Haus Gottes empfunden, obwohl die Theologen dieser Zeit und die Apologeten ihre Stimmen dagegen erhoben, daß man in diesen Räumen etwas anderes erkenne als ein gewöhnliches Haus, an dem nichts Heiliges sei.

Die Lateranskirche ist durch den Umbau im siebzehnten Jahrhundert so verändert worden, daß sie als das, was sie war, kaum noch begriffen werden kann. Alle anderen Kirchen, die wie die Ravennas noch ihre Mosaiken haben, deren Türen man kennt wie die der Kirche Sta. Sabina in Rom, deren kostbare Bischofsthrone erhalten blieben wie der des Bischofs Maximianus von Ravenna, sind ein, zwei Jahrhunderte und mehr nach dieser ersten große Kirche Roms entstanden.

Aber schon unmittelbar nach dem Augenblick, wo aus der verfolgten die siegreiche Kirche wurde, muß der entscheidende Wandel sich vollzogen haben, der sich in den Mosaiken der Südkirche von Aquileia bereits vorbereitet. Weder dieser Mosaikboden noch das, was sich einst auch an den Hochwänden der Lateranskirche an Darstellungen befand, konnten ohne das Mitwirken der Theologen entstehen; ja sie mögen es sogar gewesen sein, die das Programm entwarfen. Vergessen schienen die Worte, die sie zuvor gegen das Menschenwerk gesprochen hatten, die Hinweise auf das erst kommende Reich Gottes, auf den Tempel, der dann sein wird und der jetzt noch nicht ist. Mit einem Male verbindet sich das Ersehnte mit dem, was gegenwärtig im Entstehen ist; die Kirche ist nicht mehr ein Bau, dessen Zerstörung gleichgültig sein kann, weil das Wesentliche, das in den Menschen ist, unangreifbar ist. Mit einem Male ist auch die Kirche selbst als Bau – fast möchte man sagen – unabhängig von dem Mysterium, das sie in sich beherbergt, ein Heiligtum.

Diesen Wandel bekundet nichts so deutlich wie die Predigt, die der Bischof Eusebius von Kaisareia, der Verfasser der Kirchengeschichte und der Biographie Konstantins des Großen, bei der Weihe der Basilika von Tyros hielt; Paulinus, der Bischof der Stadt, hatte sie, nachdem die alte Kirche während der diokletianischen Verfolgung zerstört worden war, neu erbaut. Die Predigt muß gehalten worden sein, als drüben in Rom die Lateranskirche entstand. Sie wäre wohl wert, in ihrem ganzen Umfang hier zitiert zu werden, schon um des Anlasses willen, den sie verherrlicht – aber auch als ein Dokument christlicher Rhetorik; in ihrem Wortgepränge und in ihrer Allegorik ist sie ein spätantiker Panegyrikus. Sie hat etwas von der zeremoniellen Pracht spätantiker Gewänder, die auch die vielen Amtsgenossen trugen, die damals dem Eusebius zuhörten und die er zu Beginn angeredet hatte: »Freunde Gottes und Priester, die ihr das lange heilige Gewand und die himmlische Krone der Ehre traget, gesalbt mit göttlichem Öle und angetan mit dem priesterlichen Kleide des Heiligen Geistes.« Aber damit bekommt sie gegenüber der Wortgewalt in der Sprache der Urkirche jene eigentümliche Distanz der Menschen untereinander und gegenüber der Welt, in der sie leben, eine Distanz, die sie gerade durch das Wort aufzuheben versuchen. Die Worte des Eusebius dürfen jedoch nicht als Phrasen verstanden werden; sie entspringen dem Bemühen, allem in der Welt einen Sinn zu geben. Seltsame Hintergründe werden transparent, Hintergründe, die einen die Mystik des heraufdämmernden Mittelalters ahnen lassen. Nicht nur die Verheißungen des Neuen, mehr noch die prophetischen Worte des Alten Testamentes durchwirken die Predigt. Das gab es wohl auch früher, als man von dem kommenden Reiche Gottes sprach. Jetzt aber wird das Gegenwärtige zwar nicht zu der verheißenen Herrlichkeit; es bleibt immer noch Symbol des Kommenden; aber Wirklichkeit und Symbol, Gegenwart und Hoffnung werden nicht mehr getrennt, sondern alles diesseitige Menschenwerk ist bereits durchleuchtet von dem zukünftigen Dasein. Das Symbol ist nicht mehr wie ein Gleichheitszeichen zwischen Hier und Dort; das dereinst sich Offenbarende, doch dort schon Seiende strahlt durch das Symbol seinen Glanz voraus in das, was in diesem Augenblick ist.

In dieser Predigt heißt es über den Bau, den Paulinus von Tyros errichtet hatte: »Indem er diesen herrlichen Tempel des höchsten Gottes dem Vorbilde des besseren, den sichtbaren dem unsichtbaren, in Ähnlichkeit nachschuf, dem Führer hier, der den Vorsitz führt über diese Schar, den der erste und große Hohepriester (Christus) selbst mit dem zweiten priesterlichen Range in dieser Kirche ausgezeichnet hat und den er, nachdem er, Hirte Eurer ehrwürdigen Herde, auf Grund der Wahl und Bestimmung des Vaters von Eurem Volke Besitz genommen hat, zu seinem Diener und Dolmetsch gemacht hat.« – »An erster Stelle muß erwähnt werden, daß er diesen durch die hinterlistigen Pläne der Feinde und Unrat aller Art überschütteten Platz nicht preisgab und der Bosheit derer, die es verübt, nicht wich, trotzdem die Möglichkeit bestand, unter den zahlreichen, günstig gelegenen Plätzen der Stadt einen anderen zu wählen, wodurch die Arbeit erleichtert und Schwierigkeiten erspart geblieben wären.«

»Zuerst aber versöhnte er mit Eurer aller gemeinsamer Zustimmung den Vater durch Gebete und Bitten, nahm den, der allein von den Toten erwecken kann, zum Mitstreiter und Mitarbeiter, richtete die Gefallene (Kirche) auf, nachdem er sie von Unrat gereinigt und geheilt, und legte ihr als Gewand nicht das alte Kleid von ehedem an, sondern jenes, das er aus der göttlichen Prophezeihung kannte, die da deutlich spricht: ›Und die letzte Herrlichkeit dieses Hauses wird größer sein als die erste.‹«

»Der ganze Platz, den er für den Bau absteckte, war viel größer (als bei der ersten Kirche). Nach außen befestigte er ihn in seinem ganzen Umfange mit einer ringsumlaufenden Mauer, die der ganzen Anlage als sichere Wehr dienen sollte. Ein großer und in die Höhe sich reckender Torbau, den er gegen die Strahlen der aufgehenden Sonne sich öffnen ließ, sollte schon die, welche noch fern und außerhalb der heiligen Umfriedung stehen, auf die ersten Eingänge lenken. Niemand sollte vorübergehen, ohne zuvor beim Gedanken an die vorausgehende Verwüstung der Stätte und das erstaunliche Wunderwerk von heute in tiefster Seele ergriffen zu werden. In solcher Ergriffenheit, hoffte Paulinus, würde vielleicht mancher sich angezogen fühlen und so seine Schritte auf den bloßen Anblick hin schon nach dem Eingange lenken.«

»Wer dann durch die Tore eingegangen war, durfte nicht sogleich mit unreinen und ungewaschenen Füßen das Innere des Heiligtums betreten. Paulinus beließ vielmehr zwischen dem Tempel und dem Vortor einen reichlich bemessenen Raum und schmückte diesen ringsum mit vier schräg abgedeckten Hallengängen, die allseits auf Säulen ruhen, den Platz im Geviert umgebend. Den Raum zwischen Säule und Säule schloß er bis zu mäßigen Höhe mit hölzernem Gitterwerk. Die mittlere Fläche der Anlage beließ er als offenen Platz, wo man den Himmel sehen kann, helle Luft ihm gewährend und ihn freigebend für die Strahlen des Lichtes. Hier stellte er Symbole heiliger Reinigungen auf, indem er dem Tempel gegenüber Brunnen errichten ließ, die in reichlich strömender Flut denen, die nach dem Inneren der heiligen Umfriedung vorschreiten, Reinigung bieten. Dieser Ort, an dem die Eintretenden zuerst verweilen, dient dem Ganzen zugleich zum Schmuck und zur Zier und denen, die der ersten Einführung (in den christlichen Glauben) bedürfen, zu gemäßem Aufenthalt. Den Anblick, den diese Teile gewähren, noch überbietend, brachte Paulinus an dem zu innerst gelegenen und breiteren Hallengange, weit sich öffnend, die Zugänge zum Tempel an, indem er unter den Strahlen der Sonne noch einmal drei Pforten nebeneinander errichtete, von denen die mittlere die beiden seitlichen an Höhe und Breite weit übertreffen sollte. Er schmückte sie auch, um sie auszuzeichnen, mit Bronzeplatten, die mit Eisen befestigt wurden, und buntem Zierat in erhabener Arbeit, und gab ihr, der Königin, die beiden anderen gleichsam als Trabanten zur Seite. Und in gleichem Sinne ordnete er auch, entsprechend bei den Torbauten festgelegten Zahl, die Hallen zu beiden Seiten des Hauptraumes des Tempels an und ersann in der Höhe darüber, damit weiteres und reichlicheres Licht in den Raum eindringe, verschiedene Öffnungen und schmückte sie zierlich mit feiner Holzarbeit.«

Die Basilika aber stattete er mit noch reicherem und vornehmerem Material aus, in verschwenderischem Eifer die Kosten nicht achtend. Ich halte es indessen für überflüssig, die Länge und Breite des Gebäudes hier zu beschreiben und zu schildern die strahlende Schönheit, die aller Worte spottende Größe, den blendenden Anblick der Arbeiten, die zum Himmel strebende Höhe und, darüber lagernd, die kostbaren Zedern des Libanon, deren auch die heilige Schrift nicht zu erwähnen vergaß, indem sie sagt: »Freuen werden sich die Räume des Herrn und die Zedern des Libanon, die er gepflanzt.«

»Was soll ich jetzt ausführlich reden von der vollendeten Weisheit und Kunst, mit der das Ganze angeordnet wurde, und von der überwältigenden Schönheit der einzelnen Teile, da das Zeugnis der Augen eine Belehrung durch das Ohr erübrigt.«

»Nachdem er so den Tempel vollendet hatte, stattete Paulinus ihn zu Ehrung der Vorsteher mit hocherhabenen Thronen und überdies, in geziemender Reihe und Ordnung, mit Bänken für die Gesamtheit (des Klerus) aus und stellte zu allem in der Mitte als Allerheiligstes den Altar auf. Auch diesen Teil schloß er, damit die Menge ihn nicht betrete, durch hölzernes Gitterwerk ab, in erlesenster Feinarbeit ausgeführt, ein wunderbarer Anblick für alle, die es sehen. Auch dem Fußboden entzog er sein Augenmerk nicht. Und so lieh er ihm durch allerlei Zierat in Marmor leuchtenden Schmuck.«

»Sodann wandte er sich dem Äußeren des Tempels zu. Er ließ zu beiden Seiten in kunstvoller Weise Chöre und Räume von beträchtlichem Ausmaß anbringen, die an den Seiten dem Hauptbau zu einem Ganzen angegliedert und mit den zum Mittelbau führenden Eingängen verbunden wurden und von unserem friedliebenden Salomon, dem Erbauer des Gotteshauses, für jene errichtet wurden, die noch der Reinigung und Besprengung mit Wasser (das heißt der Taufe) und dem Heiligen Geiste bedürfen. So ist die Weissagung nicht mehr leeres Wort, sie ist zur Tat geworden. Denn es ward und ist jetzt wahrhaftig ›die letzte Herrlichkeit dieses Hauses größer als die erste‹.«

»Er baute in der Tat in Gerechtigkeit und teilte das ganze Volk nach Gebühr gemäß den Kräften, die den einzelnen eigen sind. Die einen umgab er mit der äußeren Umfassungsmauer, und dieser allein, das heißt, er wappnete sie mit dem unfehlbaren Glauben – das war die übergroße Menge des Volkes, unfähig noch, einen stärkeren Bau zu tragen. Anderen wies er die Eingänge zum Hause zu mit dem Auftrage, an den Toren zu stehen und die Eintretenden an ihre Plätze zu führen. Diese könnte man passend als Torwege zum Tempel bezeichnen. Andere stützte er mit den ersten, äußeren Säulen, die im Geviert den Hof umstehen, indem er ihnen das erste Verhältnis der vier Evangelisten beibrachte. Wieder andere sollten ihren Platz bereits zu beiden Seiten der Basilika haben. Es sind die Katechumenen, noch im Zustand des Wachsens und Fortschritts befindlich, gleichwohl aber nicht mehr weit entfernt vom Schauen der innersten Geheimnisse, das den Gläubigen vergönnt ist. Aus diesen nimmt er sodann die reinen Seelen, die durch das göttliche Bad (der Taufe) gleich Gold geläutert wurden, und stützt die einen mit den Säulen, die viel stärker sind als die ganz äußeren (des Hofes), nämlich mit den innersten geheimnisvollen Lehren der Schrift, und erleuchtet die anderen aus den für das Licht bestimmten Öffnungen.«

»Den ganzen Tempel schmückt er mit einem mächtigen Torbau, dem Preise des einen und einzigen Gottes und obersten Königs, wobei er zu beiden Seiten der unumschränkten Macht des Vaters Christus und den Heiligen Geist als die zweiten Strahlen des Lichtes setzte. Und letztlich zeigte er durch das ganze Haus hin reichlich und ganz vortrefflich den Glanz und die Helle der Wahrheit, die in jedem ist, überall und von allen Seiten her die lebendigen und starken und festen Steine der Seelen einfügend. So erstellt er aus allem das große und königliche Haus, strahlend und des Lichtes voll innen und außen. Denn nicht nur Seele und Geist, auch der Leib war geschmückt mit der blütenreichen Zier der Keuschheit und Sittsamkeit.«

In diesem Heiligtum stehen auch Throne und Bänke und Sitze sonder Zahl, soviel der Seelen sind, in denen die Gabe des göttlichen Geistes sich niedergelassen, wie sie vor langer Zeit den heiligen Aposteln und denen, die mit ihnen waren »erschienen«. Es zeigten sich ihnen »zerteilte Zungen wie Feuer, und es ließ sich auf jeden von ihnen nieder«. In dem obersten Vorsteher aber wohnt dem Rechte gemäß Christus in ganzer Fülle, in denen, die den zweiten Rang nach ihm einnehmen, entsprechend der Fassungskraft eines jeglichen, in Gaben der Macht Christi und des Heiligen Geistes. Auch möchten die Seelen dieses und jenes Sitze von Engeln sein, derer nämlich, denen sie je zu Lehre und Obhut gegeben. Und was sollte der ehrwürdige und große und einzige Altar anderes sein als das fleckenlose Allerheiligste der Seele des gemeinsamen Priesters aller. Ihm zur Rechten steht der große Hohepriester des Alls, Jesus selbst, der Eingeborene Gottes, und nimmt von allen den wohlriechenden Weihrauch und die unblutigen und geistigen Opfer der Gebete mit heiterem Blick und offenen Händen entgegen und übergibt sie dem himmlischen Vater und dem Gott des Alls, indem er zuerst ihn anbetet und allein dem Vater die schuldige Verehrung erweist, dann aber ihn bittet, daß er uns allen für immer gnädig und wohlwollend bleibe.

»Das ist der große Tempel, welchen der große Schöpfer des Weltalls, das Wort über den ganzen Erdkreis unter der Sonne errichtet und worin er hernieden zugleich ein geistiges Abbild dessen geschaffen, was jenseits des Himmelsgewölbes ist, damit sein Vater durch die ganze Schöpfung und alle vernünftigen Wesen verehrt und angebetet werde. Kein Sterblicher vermag nach Gebühr zu preisen das Land über den Himmeln, die dort ruhenden Urbilder der irdischen Dinge, das obere Jerusalem, wie es genannt wird, den Berg Sion und die überirdische Stadt des lebendigen Gottes, in der zahllose Chöre von Engeln und die Gemeinde der Erstgeborenen, die im Himmel eingeschrieben sind, ihren Schöpfer und den obersten Lenker des Weltalls in göttlichen Gesängen, die für uns unaussprechlich und unbegreiflich sind, verherrlichen. Denn ›kein Auge hat gesehen und kein Ohr hat gehört und in keines Menschen Herzen ist gekommen, was Gott denen bereitet hat, die ihn lieben‹.«

Dieser Predigt gegenüber stehen, fast zur gleichen Zeit geschrieben, aber rückblickend auf die Zeit der diokletianischen Verfolgung, die Worte des Laktanz über die Kirchen von damals: »Die Räume, die der Zusammenkunft dienten, wurden zerstört; denn man konnte sie ja wieder aufbauen.« Noch als allenthalben die neuen Kirchen sich über den Trümmern der alten erhoben, die nun etwas anderes sein wollten als ihre Vorgänger, spürt man aus diesen Worten etwas von der Gleichgültigkeit gegenüber den Kirchenbauten, die noch nach den Lehrern des dritten Jahrhunderts etwas für den echten Christen in ihrer Erscheinung Unwesentliches sein sollten.

Das ist jetzt anders geworden. Mit einem Male ist die Kirche das, was zuvor der Tempel war, nur daß ihr Wesentliches nach innen gewandt ist. Was bisher nur Mauer, Tür, Säule oder Stütze der Decke, Fenster war, dem wird jetzt eine symbolische Bedeutung zugesprochen. Die Kirche selbst wird zum Symbol überhöht. Das, was dann den mittelalterlichen Kathedralen ihre mystische Hintergründigkeit gibt, in der Pfeiler sich in heilige Gestalten verwandeln können, Portale zu Himmelspforten werden, über denen der Weltrichter thront, durch die kostbaren Fenster das »ewige Licht« in den geheiligten Raum dringt – in der Predigt des Eusebius, die den Menschen des Mittelalters ja bekannt war, wird diesem zum ersten Male Ausdruck gegeben.

ABBILDUNGSVERZEICHNIS

Textabbildungen

Tafeln

Kreuz ist eine maßgerechte Nachbildung der von Mazois anläßlich der Grabung im Jahre 1813 angefertigten Zeichnung. Der Platz an der Wand und die Größe des Feldes sind durch noch vorhandene Befestigungsspuren gesichert. Im Vordergrund Reste der Fontäne.

6 Blick von Westen in den Kirchenraum der Hauskirche von Dura. Zustand nach der Ausgrabung.

7 Das Baptisterium der Hauskirche von Dura. Aufbau in der Yale University Art Gallery.

8 Blick von Westen auf die Kirche S. Giovanni e Paolo und den Clivus Scauri.

9 Blick von Südosten in die Hauskirche von Salona.

10 Blick von Westen auf die Hauskirche von Salona.

11 Blick von Südwesten auf den Dom von Aquileia.

12 Blick von Westen auf den Dom von Aquileia.

13 Blick von Westen in den Dom von Aquileia.

14 Reste eines älteren Hauses südlich der Nordkirche von Aquileia. Blick von Südwesten.

15 Blick von Westen auf die Mosaiken im westlichen Kompartiment der Nordkirche von Aquileia mit der Inschrift für den Bischof Theodorus.

16 Blick von Westen auf die Mosaiken im zweiten Kompartiment der Nordkirche von Aquileia nördlich des mittelalterlichen Campanile mit der Stifterinschrift des Januarius.

17 Blick von Westen auf die Mosaiken im dritten Kompartiment der Nordkirche von Aquileia nördlich des mittelalterlichen Campanile.

18 Blick von Westen auf die Mosaiken im dritten und im östlichsten Kompartiment der Nordkirche von Aquileia mit den Spuren der Schranke.

19 Blick von Norden in das östliche Kompartiment der Nordkirche von Aquileia mit der Inschrift für Cyriacus im Vordergrund und dem Bereich des Klerus jenseits des Feldes mit dem Kampf zwischen Schildkröte und Hahn.

20 Blick von Norden durch die antike Tür in das zweite Kompartiment von Westen der Südkirche von Aquileia.

21 Blick aus dem Dachstuhl auf das Mosaikfeld mit den Bildnissen der Kaiserin und der Prinzen im zweiten Kompartiment von Westen der Südkirche von Aquileia.

22 Blick aus dem Dachstuhl auf das Mosaikfeld mit den Bildnissen Konstantins, seiner Mutter, seiner Schwiegertochter und seiner Schwester im zweiten Kompartiment von Westen der Südkirche von Aquileia.

Abbildungsnachweis

Die Abbildung auf S. 6 ist eine Umzeichnung des Kreuzes in der Casa di Pansa, das Mazois 1824 veröffentlichte. Die Textabbildungen wurden nach Aufnahmen und Angaben des Verfassers von Frau Renate Pahlke gezeichnet. Die Vorlagen für die Tafeln 41–44 und die Tafeln 1 ff. stammen vom Verfasser, ausgenommen 4: Soprintendenza di Napoli. 6, 7: Yale University. 27: Deutsches Archäologisches Institut Rom. 32: Landesmuseum Trier. 35: Pontificia Commissione di Archeologia Sacra. 36: Foto Alinari. 37: Foto Anderson. 15–25, 29: Raoul Laev Köln.

TAFELN

1

2 · 3

4

5

6

7

9

10 · 11

13

15

IANVARI
DEDEIDONO
P • DCCCLXX

17

19

22 · 23 ▶

25

S · P · Q · R

27

28

29

31

33

34

37

39

41

43

Bitte beachten Sie
die folgenden Seiten

Udo Kultermann

Geschichte der Kunstgeschichte

Der Weg einer Wissenschaft

Ullstein Buch 34054

Ullstein Sachbuch

Der Band ist – abgesehen von Darstellungen in Nachschlagewerken – der erste Versuch einer umfassenden Geschichte der Kunstgeschichte. Kunsthistoriker, aber auch Kunstliebhaber und interessierte Laien erhalten einen Überblick über den Weg einer Wissenschaft, durch den ihm gleichzeitig der Zugang zur Kunst aller Zeiten und ihrer Beurteilung eröffnet wird.

Udo Kultermann, 1927 in Stettin geboren, studierte Kunstgeschichte, Archäologie, Germanistik und Musikwissenschaft. Nach seiner Promotion arbeitete er in vielen Bereichen: Er war Museumsdirektor, Leiter des Kulturprogramms eines Konsulates, Mitarbeiter verschiedener Zeitungen und Rundfunkanstalten und ist heute Professor an der Washington School of Architecture in St. Louis, Missouri.

Käthe Kollwitz

Ich will wirken in dieser Zeit

Auswahl aus den Tagebüchern und Briefen, aus Graphik, Zeichnungen und Plastik

Ullstein Buch 36062

Ullstein KunstBuch

Käthe Kollwitz (1867–1945) wurde vor allem durch ihre Zeichnungen und Graphiken bekannt, die das Leben des modernen Großstadtproletariats darstellen.
In dieser Auswahl aus den Tagebüchern und Briefen wird die Gestalt der Käthe Kollwitz lebendig. Reproduktionen aus Graphik, Zeichnungen und Plastik ergänzen das Bild der Künstlerin.

Marie E. P. König

Am Anfang der Kultur

Die Zeichensprache des frühen Menschen

Ullstein Buch 36061

Die frühen Epochen der Menschheit werden von der Archäologie, der Urgeschichtsforschung und anderen Wissenschaften in allen Ländern untersucht. Um die entscheidende Frage nach den ersten Spuren der Kultur zu beantworten, hat die Autorin eine neue methodische Grundlage entwickelt und planmäßige Untersuchungen angestellt, die von den ältesten Hinterlassenschaften des eiszeitlichen Menschen ausgehen. Sie zeigt in ihrem Buch, wie die Ideen in Höhlen und an Felsen in der Gestalt von Ritzzeichen dargestellt wurden und erläutert – unterstützt durch zahlreiche Abbildungen – die Bedeutung dieser Zeichnungen.

Ullstein KunstBuch

Friedrich Ahlers-Hestermann

Stilwende

Aufbruch der Jugend um 1900

Ullstein Buch 36063

Ullstein KunstBuch

Friedrich Ahlers-Hestermann legt in seinem Buch einen Überblick über die Entstehung und Entwicklung des Jugendstils vor. Es ist ein erster Versuch, diese Erneuerungsbewegung umfassend darzustellen.

»Man würde dieses Buch gründlich mißverstehen, wenn man ihm entnähme, das vor einem halben Jahrhundert Geschaffene solle etwa an sich für unsere Gegenwart vorbildlich sein. Vorbildlich waren nur die Gesinnung und der Mut jener Generation; ihre Produktion bezog sich jedoch auf Lebensformen und eine gesellschaftliche Schichtung, die sich seither total gewandelt haben.
Es soll hier die Anregung zu einer gerechteren Einordnung dieser Epoche in die Geschichte gegeben werden.«